钱临照（1906—1999）

↑ 钱临照和钱令希的父亲钱伯圭

↑ 钱临照和钱令希的母亲华开森

↓ 钱临照（20世纪30年代）

↑ 1930年，钱临照与钟萃英（1908—1962）结婚

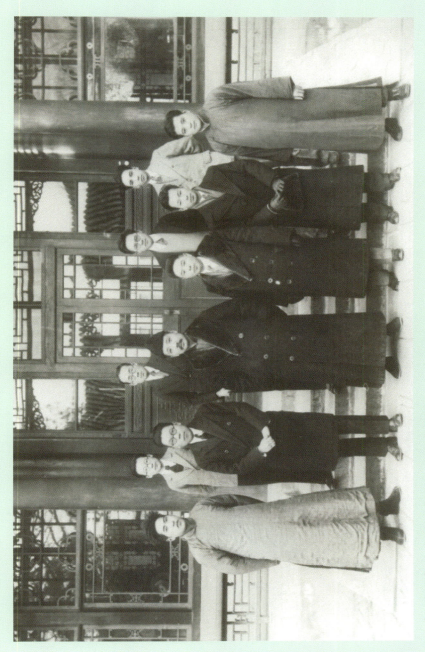

↑1931年，北平研究院物理研究所同仁

前排左起：盛耕雨、严济慈、李书华、饶毓泰、朱广才、吴学蔺

后排左起：钱临照、鲁若愚、陆学善、钟盛标

→1935年，剑桥留学期间

左起：朱应铣、李国鼎、钱临照、王竹溪、汪渊、张文裕

↑1935年复活节，四位学友骑车游英国

左起：李国鼎、王竹溪、张文裕、钱临照

该照片下，钱临照有一段幽默注释："四剑客"豪情如许！是打家劫舍，还是寻古探幽？

←钱临照、钱令希兄弟同在欧洲留学（1936年年末或1937年年初）

←1947年，钱临照在华盛顿白宫前的樱花树下

↑ 1947 年，在美国（1947 年奉教育部之命赴美参加联合国救济总署工作）

↑ 1948 年，钱临照全家在南京寓所内
前排左起：母亲华开森、二女儿钱平凯、妻子钟萃英
后排左起：儿子钱黎明、长女钱良玉、钱临照

↑ 1950 年，北平研究院物理研究所同仁合影（计 34 人）

中排左起：陈竹生、吴文栋、钱临照、赵广增、严济慈、陆学善、施汝为、余瑞璜、葛庭燧

↑ 20世纪50年代摄于长城
右起：钱临照、黄昆、黄昆夫人、钱平凯

↑ 20世纪50年代摄于长城
左起：柯俊、钱临照、华西里耶夫（苏联专家）、黄昆

←20世纪50年代，钱临照在中国科学院物理所举办晶体学讲座
①钱临照②陈能宽③柯俊

←20世纪50年代，钱临照（右二）被派往德国采购仪器

←1972年，钱临照与第二任夫人唐因华（1904—1987）结婚

↑ 1979年，钱临照（右三）在上海光学仪器厂指导工作

↑ 1986年，钱大中归国省亲，在上海合影留念
前排左起：复旦大学校长华中一、华中一之父华洪涛、钱临照、钱大中
后排左起：钱大中之子钱源泉、钱临照小女婿张玉田

↑ 1987 年 11 月，在无锡召开中国科学院学部委员（院士）大会，会间与诸好友合影

　　左起：陈能宽、冯端、王淦昌、钱临照、汪德召、赵忠尧、钱平凯（陪同）

↑ 1987 年，钱临照参加首届全国《墨经》研讨会

← 1989 年，钱临照在北京中国科学院电子显微镜实验室指导工作

↑ 20 世纪 90 年代，钱临照在合肥寓所与师生交谈

↑ 1991 年，钱临照在中国科学院结构分析开放实验室查阅文献

← 20世纪90年代初，钱临照与任之恭两位老友在合肥亲切交谈

← 1991年，钱临照与严济慈（摄于严济慈寓所）

← 1992年，钱临照与李国鼎在香港会晤

↑ 20世纪90年代初，中国科学技术大学自然科学史研究室研究生论文答辩
前排左起：李志超、解俊民、钱临照、张秉伦

↑ 1996年，钱临照与郭可信（摄于钱临照寓所）

↑ 1996 年 6 月 27 日，钱临照先生 90 华诞学术报告会，与会院士合影

前排右起：冯端、谢希德、钱临照、钱令希、葛庭燧、刘有成

后排右起：何多慧、朱清时、闵乃本、郭可信、沈鼎昌、霍裕平、王水、唐孝威

→ 1996 年 6 月 27 日，钱临照在中国科学技术大学为他主办的 90 华诞学术报告会上讲话

← 钱临照晚年由学生推着轮椅在中国科学技术大学校园行走

↑ 钱临照手迹

钱令希（1916—2009）

→ 1936 年，钱令希乘船赴比利时留学

→ 1937 年冬，钱令希在法国访问实习

→ 1938 年，钱令希回国前与同学合影。左起：樊翕、钱令希、张九恒

↑ 1938 年在比利时时毕业聚餐。钱令希因学业优秀，获得了"最优等工程师"的学位

→ 1938 年钱令希留学归国，
1943 年任浙江大学教授

↑ 1942 年，钱令希与倪晖在昆明结婚

↑ 1939 年，钱令希（右三）在叙昆铁路建设工地

↑ 1940 年，钱令希（左一）在建设叙昆铁路之余打网球健身

→钱令希夫妇在抗
日战争期间（摄于昆
明小石坝）

→20世纪60年代
初钱令希一家

→1955年春，胡海
昌和恩师钱令希相聚在
颐和园

↑ "文化大革命"前，钱令希与大连造船厂的工人一起攻克技术难关

← "文化大革命"前，钱令希与研究生在一起。
左二为陈浩然，右二为王长兴

→ "文化大革命"
期间，在大连庙岭大
队指导农民盖房

↑ 1974年，钱令希承担我国第一个现代化油港的设计任务

← 1974 年，钱令希主持鲶鱼湾大桥设计

← 1980 年 春 天，JIGFEX 软件开发组在杭州汪庄

← 1987 年，钱令希在比利时列日大学接受荣誉博士学位

↑ 1990 年，鲇鱼湾油港栈桥设计者（钱令希）和输油管臂设计者（浦厉生）在大连新港（鲇鱼湾港）建港 15 周年庆典上

↑钱令希指导年轻教师

←钱令希和唐立民。他们于1958年创建大连工学院（现称大连理工大学）数理力学系

←钱令希与隋允康（中）、王希诚（右）在讨论结构优化

←钱令希与助手钟万勰（中）、林家浩（左）

↑第二届中国科学院学部主席团（1992—1996）部分成员合影（前排左二为钱令希）

↑ 大连理工大学四位力学界院士（左起：程耿东、邱大洪、钱令希、钟万勰）

↑ 钱临照和钱令希兄弟手足情深（1996 年摄于钱临照在中国科学技术大学的寓所）

↑ 钱令希夫妇（摄于大连工学院校内东山小楼 19 号家中）

←1994年，钱令希赴香港理工学院接受杰出奖发表感言

↑1999年，钱令希（右一）在美国探亲期间，在佐治亚理工学院的环境工程系专家陪同下参观自动化垃圾处理厂

↑2004年，钱令希与无锡钱氏联谊会副秘书长钱志仁合影

↑大学者为小学生签名

←习字怡情，倡导"积极的老年生活"

→钱令希伏案工作。老骥伏枥，壮心不已

←晚年兴之所至，小试台球

→钱令希书法：四乐心得，分享人生秘诀

工作奉献求乐
济世助人为乐
生活知足常乐
休闲自得其乐

祝彬、长乐
外公

钱临照、钱令希纪念文集

侯建国　钟万勰◎主编

科学出版社

北京

图书在版编目(CIP)数据

钱临照、钱令希纪念文集 / 侯建国，钟万勰主编 .—北京：科学出版社，2016.5

ISBN 978-7-03-048115-3

Ⅰ.①钱…　Ⅱ.①侯…②钟…　Ⅲ.①钱临照（1906～1999）—纪念文集②钱令希（1916～2009）—纪念文集　Ⅳ.① K826.11-53

中国版本图书馆 CIP 数据核字（2016）第 083670 号

策划编辑：胡升华　侯俊琳
责任编辑：侯俊琳　张　莉 / 责任校对：张怡君
责任印制：徐晓晨 / 封面设计：有道文化
编辑部电话：010-64035853
E-mail:houjunlin@mail. sciencep.com

科 学 出 版 社出版
北京东黄城根北街 16 号
邮政编码：100717
http://www.sciencep.com

北京厚诚则铭印刷科技有限公司 印刷
科学出版社发行　各地新华书店经销

*

2016 年 5 月第　一　版　开本：720×1000　1/16
2018 年 7 月第四次印刷　印张：12 1/4　彩插：16
字数：155 000
定价：198. 00 元
（如有印装质量问题，我社负责调换）

编委会

主　编：侯建国　钟万勰

副主编：钱平凯　钱　唐　钱志仁

特别鸣谢：无锡市新吴区人民政府、无锡市新吴区鸿山街道

第二篇　纪念钱令希先生

第三篇　书礼传家

附　　录

第一篇　纪念钱临照先生

怀念父亲 *

钱平凯

父亲生于 20 世纪初（1906 年），到他去世（1999 年），他几乎走过了整整一个世纪。这是一个中国近代科学萌芽、发展、壮大的世纪；这是一个中国从受到列强欺侮、国内战乱到新中国成立后迎来了科学春天的世纪。父亲和老一辈的科学家们经过了艰苦卓绝的奋斗，终于在这一个世纪中为我国科教事业的高速发展奠定了坚实的基础。

祖国之恋　事业之恋

父亲的一生，"祖国"、"事业"这两个词在他心中占据着不可动摇的绝对的分量。说起这一话题，似乎该从他从小受到的教育谈起。

我清晰地记得父亲讲述他的两位小学老师的故事。小时候，父亲就读于无锡荡口镇鸿模小学，他说有两位老师对他影响最大。一位音乐老师教他吹

---

* 本文曾发表于2002年第10期的《物理通报》上，原标题为《江汉以濯之　秋阳以曝之——纪念我的父亲钱临照》。

小号，每周六从常州乘火车到无锡，然后改乘小火轮到荡口，教授小学生们识五线谱和吹西洋乐器，周一一早返回常州。这位对学生如此挚爱的老师就是国乐大师刘天华先生。父亲小学的另一位国文老师是国学大师钱穆先生，博学使他讲课游刃有余，认真生动。当时钱先生虽教小学但认真至极，勤奋至极。父亲说有时半夜醒来总见先生在房中秉烛夜读。就这样，教师的献身精神、对事业的挚着和热爱，点点滴滴渗入父亲年少的心田。父亲的青少年时代是我国饱受列强凌辱、国内军阀混战的年代，因此，要发奋，要自强，要使自己的母亲——中华民族在世界之林占有尊严的一席，这一愿望已深埋在他的心中。在我的故乡无锡市至今保留着父亲当年发表的小学作文，其中所叙均为抒发他的民族忧患及奋发学业的情感。如《杂说一首》中，将蟋蟀相斗比作军阀混战，文中写道："……盖蟋蟀性刚勇，两雄相遇辄奋斗，人之好事者，利其能斗，捕之以为戏，同类相残，岂不痛哉！今吾国国势不振，外人挑拨南北，使之斗，以逞其私者，所在多有，鸣呼！中国武夫亦蟋蟀类也，同类相残，至死不悟，可悲也夫，可悲也夫！"又如在《本校同学录序》中有如下一段文字："……学问无穷也，浩如烟海，深如江河。孔子至能也，学问尚有未尽，况吾人远不如孔子，岂可以小学毕业为已足乎？小学之学问，犹花木之初芽，学未深，道未通，安可不自励哉……"由此，江汉以濯之，秋阳以曝之，就不难理解父亲在成年后，在一些关键时刻所作出的不同寻常的抉择。

大学毕业后，父亲曾在东北大学任教，不久"九一八"事变爆发，父亲被迫入关来到北平，迫于生计在上海英租界工部局管辖的电话局里联系到一个职位，月薪160块大洋。当他即将动身，去向自己大学里教授他物理学的导师严济慈先生辞行时，严先生挽留他在北平研究院工作，但因院内已满额，只能领取半额工资，月薪大洋40块。这一人生道路上的抉择，一边是高薪为洋人效力，一边是低收入为祖国的科技献身。父亲说，他几乎未加思考，就选择了后者。

1934年父亲考取了第二届中英庚款公费留英。三年学业结束后，父亲转赴柏林继续他的"晶体力学强度"研究，不料此时发生"七七"卢沟桥事变，日寇侵华战争全面展开。严济慈先生致电父亲要他立即回国，父亲未及犹豫，立刻购船票返国。因国内各口岸已有战事，父亲在路途上辗转两个月才到国内，并受命只身进入已沦陷的北平。他将北平研究院的仪器、文献在离日寇军事据点一箭之隔的地方装箱（计五六十箱），后来又通过日军把守的城门，经塘沽港运往昆明。可以想见，当时31岁的父亲是怀着对祖国怎样的忠诚才有此胆略来完成这一任务的。与此同时，父亲把家丢给了母亲一人，1938年我刚出生，母亲带着祖母及三个孩子从上海坐海轮取道越南进入昆明与父亲会合。父亲为了"大家"只得牺牲了对"小家"的照顾。

在昆明抗战八年的艰苦岁月里，父亲放弃了自己的研究专题，为支援抗日需要亲手设计、磨制光学玻璃，制造供医院使用的显微镜，并研制出一种控制电台频率的水晶片。此间，在制造1 000倍的光学显微镜时，为满足对物镜曲率半径的高精度测试，他和林友苞等人应用自准直光管设计制作了毫米级曲率半径球径仪，直至新中国成立后，此方法仍为全国所有光学工厂沿用。

抗战胜利后，父亲又受命作为先遣人员先期回到北平，从敌伪手中收回北平研究院的房产。又是丢下一家老小，母亲因患慢性肾炎以病弱的身体整理行装，变卖家庭什物。经多方奔走，仅购得四张军用飞机票，她送我们三个孩子和祖母先飞回上海，而独自一人乘汽车转江轮，经重庆、武汉至上海。父亲选择了为国家为事业尽力的时候，又何尝不时时挂牵着带病跋山涉水的母亲和一家老小呢！

1948年新中国成立前夕，当时的中央研究院的一些同事举家去美国。当时父亲也接到美国两所大学的聘请，父亲面临着是举家搬迁美国，在安定优越的环境里继续他的研究工作，还是留在伤痕累累的祖国，与祖国共命运，父亲选择了后者。他热恋着生他、养他的这一方故土，他要让自己的孩子在这块热土上成长，他要让他的老母亲最后安息在祖国的土地上……

20世纪50年代，父亲出国时，在寄给母亲生日的糖果盒上题诗道：

常恨离多聚首稀，

浪迹何复计东西。

踏遍天下芳草路，

为问庭梅着花未。

父亲一生走南闯北，浪迹天涯，但他依恋着的只有他的祖国，只有他那植根在故土中的"庭梅"。他在严峻的考验下勇敢无畏；他在关键时牺牲个人的私利，只为着这植根于故土中"庭梅"的茁壮成长。

实验与理论

记得我最早上的一堂"实验课"，那是我三岁时的一个晚上，父亲招呼我们三个孩子到漆黑的房间内，他快速地梳着头发……呀！黑暗中蓝色的火花点点闪现，还伴随着"噼啪"的声响，真是奇妙极了！父亲还给我们演示了他留学英国带回的陀螺，令其转动后，竟能在一根水平的细绳上旋转着来回滑动，而不"摔"下来——我幼小的心灵感受到因不能理解而带来的美妙！就这样，父亲开启了我们探求奇妙世界的心灵之窗。

在固体物理学中，父亲从事晶体范性形变的研究，这一工作较多地采用实验手段，但父亲对理论也丝毫未予忽视。正如他说："物理学的基础是实验，但搞实验的人也不能轻视理论的重要性……"他并以人用两条腿走路生动而贴切地阐述了理论与实践的关系：理论与实验"犹如人走路，左腿或右腿先迈开一步，另一条腿随后跟上，这样人就一步一步地前进了。不注意理论而去做实验，有时遇到有意义的现象可以视而不见，让它溜跑了；不重视实验而去搞理论，有时只是瞎忙一阵，到头来劳而无功……"父亲自己就是这样，坚实的理论使他对物理现象具有敏锐的洞察力，对问题有独到的见解，对实验结果能作出深入的分析。他有时先迈左脚（可比喻为理论），有时先迈右脚（可比喻为实验），但总是协调地左、右一步步跟上而前进。

早在 20 世纪 30 年代，父亲留学英国时，就依据晶体的压电理论用实验手段首次发现了体电荷的存在；同一时期他还根据当时固体强度理论的发展，选择了尚无前人做过的体心立方晶体的滑移研究，并得到了当时这一方面最完整的规律性认识，其中钼的实验至今仍为国际上公认的经典实验。在抗日战争时期的艰苦条件下，父亲通过对汞、钠等金属谱线的研究，首创了 Twyman–Green 干涉仪研究光谱精细结构的方法。为了促进我国固体力学强度的研究，父亲是把位错理论介绍到国内来的第一人。新中国成立后，偶然的机会，他发现了一台被国民党遗弃的、未开箱的英国电子显微镜。历来这种高精密的大型设备都是由厂方派专家来安装调试的。但当时在没有资料和图纸的情况下，父亲却将其安装好并使其投入使用，取得了我国第一批用电子显微镜研究得到的科研成果。

父亲一生的各项工作成果都源于理论与实验的巧妙配合。他开阔思路，善于捕捉到有意义的物理问题，然后经过巧妙的构思，创造性地设计、制作必要设备作出成果。如 20 世纪 40 年代，在研究晶体的范性形变时，认为研究晶体在形变的最初阶段——微范性可能获得有意义的信息。为此，父亲设计制作了一架用光学机械探测并放大的高灵敏度微拉伸计，可测出 10^{-5} 的应变，从而成功地研究了铝、锡等晶体的微范性。

父亲曾在中国科技大学开过"普通物理"、"理论力学"、"光学"等课程。当年听过他讲课的学生多回忆说，钱先生的课讲得干净、漂亮，总能在理论上对问题的引出、分析、结论、思考讲得逻辑严密、启人心智。我也曾听过父亲的课，记得父亲在讲"分析力学"的引言中，他先举例说明牛顿运动定律以质点为对象处理问题时，如果质点数增大则会带来怎样的困难，然后又指出解决这一困难的途径，并指出这一途径中应体现的两个原则，这就是新的处理力学问题的分析力学。父亲总是善于将深邃复杂的物理问题用启发式的分析使学生顿有彻悟之感。

精神永驻

父亲博学多才，兴趣广泛，对文学、音乐、美术均有广泛的兴趣和修养。在学术上更是有宽阔的视野及敏锐的洞察力。

还在抗日战争时期，他利用晚上的闲暇时间研究《墨经》中的物理学及古钱币的度与衡。并完成了《释墨经中之光学、力学诸条》一文。适时，李约瑟到昆明访问，父亲向他介绍了中国古代的科学成就，李约瑟很受震动，感到中国古代的科学如此博大精深，以至他后来转到研究中国科学史上来。父亲大力提倡科学技术史的学习和研究，他说："一个不懂得本民族科技史，亦不了解世界科技史的民族，将不会成为一个伟大的有作为的民族！"

父亲是我国科学史和电子显微学的创始人，当选为第一任电子显微镜学会理事长和第一任科学史学会理事长。此后他一面致力于学会的学术活动，扩大与国际上的交流，一面物色新人接替他的理事长工作。他认为一个学会的创建虽属关键，但以后的健康发展还必须不断推出新的学术带头人。是的，父亲就是这样的人，只要有利于事业的发展，他就从不考虑个人的荣辱得失。父亲晚年时写了许多有关物理学前辈(如叶企孙、胡刚复、吴有训、严济慈等）及同辈好友（如王淦昌、任之恭、陆学善、杨肇燫等）的纪念文章，更写了一些书评、书序及总结性文章。历来，这一类文章落笔千钧，并不怎么好写。但父亲认为，前人为中国、为人类科学做出的贡献以及他们的品德必须要发扬，要传给下一代。在他心中，只要为中国科教事业的接力火炬增辉添力，他就义无反顾地担当此任。记得父亲在完成《中国物理学会60年》一文时，年已86岁。这一数万言的总结性文章陈述了物理学会前50年的概况，并着重介绍了最近10年重点科研项目所取得的成就，及23个分支学科的进展……在炎炎夏日，他邀各学科专家前来汇报、调研……汗流浃背地伏案书写……当书稿完成时他已累病了，住了四个月医院。我们儿女们心疼地埋怨他不该太"玩命"，他却欣慰地觉得自己为物理学会做了该做的事。这就是我的父亲，为公、为他人从不吝惜自己付出了什么。

他留学英国带回一箱工具。因抗战时期研究所里工具缺乏，他就将自己的工具放到所里，作为公用。新中国成立后他曾被公派赴德国工作一年，回来时用省下的钱购了一台高级照相机。后因有援藏科学家需用性能高的相机，而当时国内无货，父亲就将自己的相机送给了他们。20世纪50年代，所里盖了一批宿舍楼，分给我们一套，令全家十分欣喜。就在一切就绪第二日要搬家时，所里一同事找父亲商量：家中住房困难，能否先将此房让给他？父亲当时就表示了同意。困难时期，国家决定对中科院学部委员每人每月增发100元工作费，当时父亲和王竹溪担任《物理学报》主编，两人经常一起讨论工作。对此事，他们两人觉得国家经济困难时期，不应再每月多拿这100元"额外之饷"。为此，他们多次打报告，多次向组织上交这100元，虽最终组织上未能接受他们上交的钱，但我还清楚记得父亲当时那坚决态度。

1991年父亲在为香港中文大学新亚书院钱穆追悼会所作的挽词中，有这样一句"道德江汉秋阳文章金石照人"。这里，父亲以《孟子》中的"江汉以濯之，秋阳以曝之"来颂扬国学大师钱穆的道德。我想，这也正是父亲自己高尚情操的写照啊！

父亲一生富于正义感，又能宽厚待人。他那海纳百川、有容乃大的襟怀和高尚健康的人格使得他能直面生命中的起起落落，而从无怨怼。他庆幸自己的学识能为祖国尽展其才，他满足能为最热爱的科教事业倾尽衷曲。尤其到了晚年，父亲对年青一代的培养、关爱和期望可以说是倾注了他的全部心血。他向子女们交代，待他身后，要将他的全部藏书及全部存款献给中国科技大学，再为培养年轻人出一把力……在一次院士的新春茶话会上，有一小女孩来请父亲签名留念，父亲当即在茶话会的节目单上借前几项节目——第一首莫扎特的《G大调弦乐小夜曲》、第二首《二泉映月》、第三首刘天华的《良宵》……题诗一首：

> 小夜映月良宵多，
>
> 兴会无前我奈何。
>
> 会看雏凤欲展翅，
>
> 静觑夜空入银河。

是啊，晚年的父亲最使他兴奋、激动的事情就是看到学生们获得了好的成果，就是神闲气定地"静觑"一批批"雏凤"展翅飞入云端。

如今又是一个果实累累的金秋季节，在科大的校园里，父亲的铜像周围群芳吐艳，父亲看着这绽开的满园芳菲，定会感到欣慰。

作者简介

钱平凯（1938.06—），钱临照之女，北京邮电大学教授。

追念钱临照先生

——《钱临照文集》读后感[*]

冯　端

　　钱临照先生离开我们已三年多了。在他生前，由于我们研究的领域相同，常有机会以弟子辈的身份追随其左右，亲自领受其言传身教，获益良多。如今《钱临照文集》业已问世了，其中汇集了他的全部论文及其他论著。这样，一集在手，就使广大读者得以全面了解他对科学事业所做的贡献以及他对我国科技和教育事业所起的巨大推动作用。不仅如此，文集还展示了我国一位前辈科学家的高尚风范：在艰苦岁月中不懈地追求科学的顽强斗志；为后来者得以腾飞而甘为人梯的宽阔胸襟和献身精神，极富有教育意义。下面谈谈阅读文集后的一些个人感触和体会，还补充一些亲身了解的情况，以寄托我对钱老的哀思和悼念之情。

　　在钱先生的科学生涯中有一件值得注意的事，就是他在科研上的启蒙阶段是在国内完成的，换言之，他属于我国最早一辈土生土长的科学家。大学毕业两年后，他就进入北平研究院物理研究所担任助理研究员，在严济慈先生领导下进行科学研究。1931—1934 年，他参加了两个课题的研究：其一为

---

* 本文曾发表于2003年第2期的《物理》杂志上。

压力对照相底片感光性质的影响；其二为实心与空心水晶圆柱的压电效应。总共在国际著名刊物上发表论文十余篇，堪称是在我国本土进行物理学研究的第一批成果。特别是后一项工作，从观测实验现象开始，发展成为系统性的研究，还从晶体物理向应用方面延伸，涉及振荡电路的稳频这一技术问题；又向基础理论深入，再用 Voigt 的唯象理论来阐明除表面电荷外还存在体电荷。通过这一系列的研究，钱先生已经具备了独立进行科研工作的素养和能力。很可惜，当时中国尚无授予学位的制度，否则他可以当之无愧地成为由我国导师在本土培养出来的第一位物理学博士。

1934 年，钱先生考取中英庚款公费留英，给予他在科学工作上更上一层楼的机会。他进入了伦敦大学大学学院 (University College London) 的 Carey Foster 实验室进修，导师是 E. N. da C. Andrade 教授，皇家学会会员 (F.R.S.)，他的研究领域为金属晶体的范性形变和流体的黏滞性。在英国 3 年 (1934—1937)，钱先生进行了三项课题：其一是国内带来的空心水晶圆柱压电效应的理论分析；其二是水注层流中速度分布的测定。这两项工作完成后，导师要他自择课题，他就选定第三项课题，即体心立方金属晶体滑移几何学的研究。这成为留英期间他的主要研究课题，涉的材料有低熔点的钠与钾和高熔点的钼。研究工作从制备单晶体开始，然后进行拉伸试验，再用 X 射线衍射方法测定其滑移面和滑移方向。科学界关于面心立方晶体的滑移系统早有定论，而关于体心立方晶体的情形，却尚有疑问。以钱先生为主的 (后来有另一位中国留学生周如松先生也参与了) 这项工作，澄清了这一疑难问题，是他自认为对科学做出的最重要贡献。

在英国期间，钱先生除了埋首实验室认真工作，出科研成果之外，还充分利用海外学术交流频繁的良机，参加国际会议，博览期刊，从而开阔学术视野，掌握科学发展的脉搏。20 世纪的 30 年代正好是固体物理学的形成时期，与 19 世纪延伸下来的物性学不同，固体物理更加着重从微观尺度（原子或电子）上来看问题。如何将自己的研究工作纳入固体物理学发展的主流，就成为当时青年学者中的有识之士十分关注的问题。钱先生研究的晶体范性学正好处在新旧学科更迭的过渡阶段，它正面临一个具有挑战性的难题，为什么金属晶体的实际屈服强度只有根据完整晶体估计出来的理论强度的千分之一左右，而且是对试样的具体情况十分敏感（在科学上称之为具有结构敏感性）？在断裂强度上也存在类似的问题，但已为 Griffith 提出的微裂纹理论初步解决了。关键在于微裂纹容易设想，也较易得到实验的证实。但是要构想出易滑移的缺陷组态就要困难得多，而要证实它更是难上加难。从 1923 年起，就有科学家开始设想这类易滑移的缺陷组态，直到 1934 年（正好是钱先生到达英国那一年），有三位不同国籍的科学家，E.Orowan，M.Polanyi 与 G. I. Taylor 几乎不约而同地在三篇不同的论文中提出一种特定的易滑移缺陷组态，被称为位错。Taylor 的论文还进一步将它和数学家 Volterra 在连续媒质力学中设想的位错联系起来，可以计算位错引起的应力场和位错间的弹性相互作用，从而提出了金属加工硬化的位错理论。Taylor 是声名卓著的流体力学家，也关注晶体的范性，在他这篇原创性的论文中，为位错理论勾画出了一个清晰的轮廓，理所当然地受到学术界的重视。钱先生到英国后不久，恰好有一次纯粹与应用物理学的大型国际学术会议在伦敦的剑桥召开，会上有许多大师作学术报告或参加讨论，给予了钱先生一次学习处于活态 (in vivo) 的物理学的良好机缘。这次会议在固体物理方面有两个主题：一是晶体的实际结构与理想结构差异何在，另一是晶体的范性与加工硬化，都是钱先生十分关心的问题。关于前一个主题，当时科学家有两种不同的观点：一种观点认为实际晶体中的嵌镶（mozaic）结构属热力学平衡态因而是无法避免的，这是 Zwicky 与 Goetz 等人的主张；另一种观点则认为实际晶体无非是缺陷较多的晶体，和晶体所经历的过程（如生长与形变等）有关，没有本质上的差异。这次会上这两种观点展开了激烈交锋，但实验证据作出了判决：小心制备的岩盐晶体用 X 射线衍射技术来探测，接近于理想晶；如另加研磨，就接近于具有嵌镶结构的晶体。这样一来，Zwicky 等人的观点被彻底否定。但对于第二个主题，就没有获得明确的结论。对于位错理论，当时诞生不久，既有不认可的，钱先生的导师 Andrade 属之；也有赞同的，如 Orowan 与 Gough 等。后者是 Taylor 的学生，年少气盛，在会上为 Taylor 的位错理论作了强有力辩护，给钱先生以深刻的印象。时隔三十余年，钱先生还一再向我提起此事。虽然 Andrade 并不赞成位错理论，但钱先生则属于较年青的一代，在微观方面有更强烈的追求，就不受老师见解的拘束，密切关注并认真研习位错理论。回国之后在昆明期间，虽则将主要精力放在与抗战有关的应用性工作（应用光学和压电晶片）上，但仍然抽空在 1939 年中国物理学会组织的学术报告会上专门介绍了 Taylor 的位错理论，这是位错理论首次传入中国。1940 年 Peierls 发表了位错晶格模型，由于论文简短，只给出结果而无推导过程，钱先生还专为此事请教过理论物理学家张宗燧先生，表明钱老一直关注于这一学科领域。1946 年秋，钱先生在南京参与当时的中央研究院的工作，曾在当时的中央大学物理系兼教光学课，当时我虽在校任助教，却乏一面之缘。一直到 1948 年秋，中国物理学会南京分会在九华山当时的中央研究院物理研究所开会，有幸认识钱先生。当时他还兴致勃勃地带我们去参观所内仅有的两台主要实验设备：感应电炉和 X 射线衍射仪。这使人感悟到要进行固体物理的研究，样品制备和其表征都是至关紧要的。这也可以说钱先生为我上了很有启发性的一堂课。随后他即带领了他的助手进行金属单晶体的研制，并自行设计和制造了一台高灵敏度的微拉伸机。这样，在风雨如晦的岁月里，他终于又回到他一直关注的学科领域——晶体缺陷与金属的范性形变。

在新中国成立之后，原来北平研究院的物理研究所和当时的中央研究院的物理研究所都并入新成立的中国科学院，在北京成立了近代物理研究所和应用物理研究所。钱先生在应用物理研究所即后来的物理研究所任研究员，领导金属物理研究室的工作。总的说来，研究设备焕然一新，工作人员大为增加，为钱先生一展其科学上的抱负提供了良好的机遇。

第二次世界大战之后，位错理论在西方国家（特别是英国）呈现出一片兴旺发达的景象。好几位固体物理学大师，如 Moff, Shockley, Frank 等投身其中，再加上一些专攻位错理论的学者如 Nabarro, Cottrell, Read, Seeger 等人的奋力工作，使理论多方面得到发展，还找到一些实验证据并开过多次专题国际会议，对众多概念加以推敲和澄清，从而使理论体系大体上确立了 Cottrell 的《位错与晶体的范性流变》(1952) 和 Read 的《晶体中的位错》(1953) 这两部专著的相继问世，标志着这一学科分支已趋于成熟。1953 年，金属物理学家柯俊先生从英国回来，钱先生访之于前门饭店，就讨论了海外位错研究的一些情况，以及在中国如何开展这方面研究的问题，并商定采用"位错"作为 dislocation 的中译名。

但是天有不测风云，20 世纪 40 年代后期到 50 年代中，苏联学术界大张旗鼓地进行了对所谓自然科学中资产阶级唯心主义思潮的批判。在生物学界臭名昭著的批判遗传学中基因学说就是一个最突出的例子。而在固体物理领域内，则将批判的矛头指向了位错理论。在这里，科学上的不同见解被歪曲为两条政治路线的斗争，抓辫子、戴帽子，无限地上纲上线。当时中国奉行"一边倒"的方针，凡是遭受苏联"老大哥"批判的，一律打入冷宫，无人敢问津。苏联对位错理论批判的高潮出现在 1954 年，《物理科学进展》杂志刊登了两位女科学家 Classen-Nekludova 与 Kontorova 联合署名的文章。两位科学家都是和位错理论略有瓜葛牵连的，她们站出来批判颇有反戈一击的味道。事后看来，最富有反讽意味的莫过于批判时机的选择。当时，一方是以陈词滥调大肆口诛笔伐，而另一方则埋首实验室潜心探索观测物质结构的特定层次，谋求新的突破。两三年过去了，较量的结果大白于天下，实验终于取得突破性的结果，以无可置疑的确证支持了横遭批判的理论，从而使这场大批判偃旗息鼓，烟消云散。是谁唯心？是谁唯物？岂不令人哑然失笑吗？基因是如此，位错又何尝不是如此呢？凑巧的是，两项关键性的突破都是在英国剑桥大学卡文迪什 (Cavendish) 实验室完成的，时间相隔三年后的 1956 年，P. B. Hirsch 等用电子显微镜薄膜透射方法，对铝和不锈钢中的位错运动和相互作用进行了直接观测，明确地看到位错沿滑移面的滑移和位错线展宽为扩展位错等现象，并拍摄为电影。同年，Menter 用当时分辨率最高 (0.6 ～ 0.8nm) 的电镜分辨出钛铂花青的晶格，看到位错的图像和 Taylor 原始论文描绘的一模一样。按理说，问题算是彻底解决了，但在时间上还有一段滞后效应。苏联的位错批判文章的中译本是在 1956 年的《物理译丛》刊出的。苏联学者 Umansky 等编著的《金属学的物理基础》(俄文版 1955 年) 是在 1958 年才出了中译本。书中对位错理论只作了简短的批判性介绍，强调它有许多缺点，因而多次遭受尖锐的批判，还说它最主要的缺点在于理论基础的证据带有间接性，而对位错的形成解释模糊不清。在这种学术风气笼罩之下，对于钱先生的研究工作产生了不利的影响。在 50 年代中，钱先生对铝单晶的滑移开展一系列的研究，其中利用电镜观察滑移带的精细结构是我国国内学者首次将电镜技术用于研究固体物理和科学方面的问题，在运用实验技术上有所创新，曾为国外学者所称道。但在理论解释上，这些工作回避了位错理论，迟至 1956—1957 年的论文，还是采用苏联学者 Stepanov 的滑移胚芽的观点。这足以充分说明钱先生当时的尴尬处境和无奈心态。在这段时期内，钱先生还翻译了 Schmid 与 Boas 的经典著作《晶体范性学》一书，里面没有涉及位错的内容，不会引起非议。一直到了 1959 年，对待位错理论的态度上开始有所松动。钱先生于这段时期在中国科学院物理研究所内组织了有关位错的学术报告。又在他的倡导之下，于 1960 年在长春召开了"晶体缺陷与金属强度"的全国性学术报告会，并在会上由钱先生主讲了"晶体中位错理论的基础"，从而带动了我国对于位错理论的学习。但也就是在 1960 年，中国科学院物理研究所进行了机构调整，将原来的金属物理研究室归并到沈阳中国科学院金属研究所。虽然钱先生本人仍然留在中国科学院物理研究所，但助手星散了，使他有孤掌难鸣之叹！这是钱先生科学生涯中遭受的一次严重打击。但钱先生并没有灰心丧气。此时中国科学技术大学业已建立并调钱先生去任教。从此以后，钱先生就将他的主要精力放到中国科学技术大学的建设和发展上面去了，从而开启了他后半生事业的序幕。正所谓"失之东隅，收之桑榆"，体现了得失之间的辩证关系。

由于我们对于位错理论有共同的兴趣，在 1960 年前后，钱先生和我交往就比较多，正因为钱先生有长期在国内进行科研工作的经历，对其中的甜酸苦辣有切身的体会，因而对于能做出些许工作的后辈，总是推诚相助，鼓励备至，褒奖有加。我们研究组在 1960—1966 年所进行的"体心立方难熔金属中位错的研究"，就经常得到钱先生的指教与鼓励。钱先生当时担任《物理学报》副主编，我们的文稿都是经过钱先生的细心审阅后才发表的。钱先生的这种奖掖后辈的高风亮节令人难以忘怀。这使我想起唐代诗人杨敬之与项斯间的故事：这两位诗人的知名度不算高，但作为前辈诗人提携后辈诗人的佳话却传颂至今！无名之辈的项斯以诗卷谒杨敬之，得到杨的赏识，杨就写了一首诗，其中有两句"平生不解藏人善，到处逢人说项斯"，可以移作为钱先生热心提携后辈这一高尚风范的绝妙写照。与我同有此感的人当为数不少。

钱先生早岁曾师从国学大师钱穆先生，古文根底极好，后来他的导师 Andrade 教授对科学史很有兴趣，并有所著述。所以钱先生对科学史情有所钟也是有渊源的。在抗战期间住在昆明时，他曾细读《墨子》一书，从中整理发掘出一些有关光学的力学的创见，是对中国科学史的一项贡献，受到李约瑟的重视。后来钱先生在推动我国科学史的研究和教学方面发挥了很大的作用。他还倡导用较长的历史观点来看一些当今的科学问题。我在 1979 年曾亲聆他的题为"晶体缺陷的历史回顾"的报告，很受启发。1983 年我有幸应钱先生邀请在中国科学技术大学讲授"晶体缺陷理论"课程，在正课讲完后，钱先生要我在次日再作一次报告，面向范围更广的听众。虽然事前毫无准备，但义不容辞。我就想依循钱先生的榜样，从较长的历史观点来察看凝聚态物理学如何从固体物理中发展出来的问题。晚上临时抱佛脚，阅读借来的一篇 P. W. Anderson 关于对称破缺的讲稿（即他后来出版的《凝聚态物理学的基本概念》一书的第二章），然后就整理出几条基本思路，作报告时我又临场发挥，边思索边讲，类似于英语所说的 thinking aloud（高声思考）。由于中国科学技术大学师生的默契和配合，这次题为"凝聚物理学的回顾与展望"的报告得到意料之外的热烈响应，也谬承钱先生赞许，认为值得发表，并嘱中国科学技术大学研究生根据录音整理出初稿。此稿经修改后在次年的《物理》上发表，反响良好。从此开始了我对于凝聚态物理学所创作的一系列论著，成为我在近二十年来的一项主要工作。回想起来，这也要感谢钱先生对我本人的启发和信任，鼓励和鞭策。

钱先生经历了战乱动荡的岁月，多次面临严峻的挑战。许多事迹，今天看来，已带有一些传奇色彩，值得向当今的读者介绍，这里举几个例子。

1931 年"九一八"事变爆发，他从关外（原在东北大学任助教）回到北平，暂住他的老师严济慈先生家里。严老当时主持北平研究院物理研究所的工作，他当然很乐意跟严老做研究，但当时严老有四个助手，名额已满，使他难以启齿，只好另外托人谋事，在上海工部局所属的电话局里找到了技师的职位，月薪160元，待遇相当丰厚。他就在电话中向严老辞行，严老告诉他别忙走，问他是否愿意担任半时助研的职位，月薪40元钱。先生当机立断，就留了下来。用他自己的话来说，不要说40块钱，4块钱都乐意。这一抉择是他科学生涯中关键性的一步。此前一年他已结婚成家，要靠薪金养家糊口。这显示了他追求科学的强烈愿望与坚定决心。

1939年春，他在伦敦大学，他的导师Andrade教授明确告诉钱先生，只要将已完成的三项研究工作汇总起来就可以作为博士论文，申请答辩。博士学位，这是许多人出国留学的目标，当时已唾手可得，但是钱先生如何表态呢？他由于目睹了实验室中一位印度同学，遭受歧视不让他做博士论文答辩，他意识到当时我国也处于半殖民地的状态，和印度半斤八两，此事伤害了他的自尊心，也激发了他的正义感。他就暗下决心，不拿殖民者的学位。当然原由不好公开向导师明说，只有婉辞谢绝，表示不愿答辩。导师大惑不解，也有些于心不安。后来伦敦大学专门授予钱先生Carey Foster奖，似有作为补偿之意。钱先生所表现的铮铮铁骨，令人感佩。

1937年"七七"事变爆发，当时钱先生在德国柏林继续进修。适严老访问巴黎，就来电叫他赶快回国。钱先生二话不说，就尽快赶回烽火连天的祖国。随即又奉严老之命只身潜返已沦陷的北平，要将北平研究院物理研究所的大量仪器设备赶紧装箱，再设法悉数运出。做这些事都要掩敌人耳目，最终还要在侵华日军的眼皮下，将几十大木箱的仪器书刊，运出沦陷区，再转运到大后方的昆明。这对于一位文弱的青年书生，其难度可想而知。但他不负重托，出色地完成了这一艰巨的任务，充分体现了他的爱国热忱和过人胆识。

当然钱先生还有许多其他的感人事迹，大家可以从文集中读到，这里就不一一细述了。

参考文献

［1］钱临照.2001.钱临照文集.合肥：安徽教育出版社.

［2］Classen–Nekludova M V,Kontorova T A.1954.Uspishi(in Russian).52:143.(中译本见：物理译丛，1956，3：646)

［3］Umansky Y C,Finkelstein B N,Blantcher M E etal.1955.Physichesky Osnover Metallovedenya（ in Russian ）.Moscow：Metallurgizdat.（ 中译本见：中国科学院金属研究所译.1958.金属学物理基础.北京：科学出版社.）

［4］冯端.1984.物理，13:193.

作者简介

冯端（1923.06—），1980 年当选为中国科学院院士，1993 年当选为第三世界科学院院士，物理学家、教育家，曾任南京大学固体微结构物理国家重点实验室主任兼学术委员会主任、中国物理学会理事长。

缅怀我国晶体范性及电子显微学研究的先驱钱临照先生 *

郭可信

1947 年秋，我到瑞典从事材料科学及晶体学的研究，虽然没有直接参加那时正在流行的晶体的范性形变和位错的研究，却一直关注这方面的进展。在阅读有关体心立方晶体的范性形变时，特别是低熔点的碱金属钠、钾在应力作用下的滑移面和滑移方向时，经常遇到 L.C. Chien 的名字（钱临照先生在国外刊物上发表论文时用的英文名字）。他的实验工作非常细致，得出的金属的熔点不同会有不同的滑移面的结论也很有说服力，令人深为折服。1956 年，我回到北京，在中国科学院应用物理研究所（中国科学院物理研究所的前身）见到钱临照先生后，才知道他就是我神往已久的我国在晶体范性形变研究方面的先行者。

在 1955 年之前，研究晶体范性形变的主要的方法是 X 射线衍射，而在这之后电子显微镜的使用逐渐普及，特别是用衍衬法 (衍射因晶体取向不同而有强弱差别所产生的像衬) 研究位错的交互作用、组态及动态行为。那时，钱临照先生与何寿安同志一起将国民党政权留下的一台未开箱的英国造电子

---

* 本文曾发表于1999年第12期的《物理》杂志上。

显微镜在物理研究所安装就绪，首先做的研究工作就是"铝单晶体滑移的电子显微镜观察"（物理学报，1955）。这是非常难能可贵的，因为像电子显微镜这种复杂而又精密的仪器，直到今天还是由生产厂的专家负责为用户安装，一般只有使用说明书而无安装资料。钱、何在一无经验二无资料的情况下，硬是把这台在仓库里沉睡多年的电子显微镜安装调试好并做出有意义的结果，充分显示出他们的聪明才智和娴熟技巧。

钱临照先生及合作者的这篇论文是我国最早的电子显微学论著，也是我国提交到国际电子显微学会议的第一篇学术论文。从此，钱临照先生就与电子显微学结下了不解之缘。我在 50 年代初在瑞典做过合金钢的电子显微学研究，与钱临照先生可谓志同道合，很自然地就成了他在中国发展电子显微学事业的一个助手。下面就我所知，简单回顾他在研制电子显微镜、建立中国电子显微镜学会和开展电子显微学研究 3 方面所起的开路先锋作用，以缅怀钱临照先生的不朽功绩。

早在 1956 年我国制定"十二年长远科学技术发展远景规划"时，由王大珩、龚祖同和钱临照组成的仪器规划小组就提出研制电子显微镜，苏联顾问认为难度大，太复杂，不要列入。1958 年，当中国科学院长春光学精密机械研究所研制我国第一台电子显微镜时，钱先生十分高兴地说，"只要看到电子显微像，电子显微镜就算研制成功"，以资鼓励。在德国图宾根大学（Eberhard Karls Universität Tübingen）专攻电子显微镜的黄兰友博士在 1958 年年初回国，旋即参加了研制工作，很快就在当年 8 月 19 日凌晨在荧光屏上第一次看到电子显微像。1959 年研制出我国第一台自行设计的 10 万倍电子显微镜，参加了国庆 10 周年献礼和展览。在此基础上，中国科学院科学仪器厂在 1965 年研制出分辨率为 0.5nm 的大型电子显微镜，钱临照先生主持了鉴定会。他认为"我国幅员如此辽阔，人口如此众多，不能只靠那些进口的仪器来为全国十亿人民服务。"在他的这种自力更生的教导和鼓励下，我国的广大科学仪器研究人员此后不断研制出新型电子光学仪器以及扫描隧道显微镜，促进了我国科学研究的开展。

为了普及和提高我国的电子显微学水平，学术活动是不可或缺的，为此，钱临照先生在打倒"四人帮"后立即积极筹建学会，终于在 1980 年秋迎来中国电子显微镜学会成立大会，并被选为第一任理事长。他任主编的《电子显微学报》也于 1982 年创刊。目前，中国电子显微镜学会已有会员 2 795 人，并在 25 个省（市、自治区）成立了地区性电子显微镜学会，每年都举行若干次大型学术活动。在国际学术交流方面，1982 年夏在北京召开了第五届亚太地区电子显微学会议，在 1986、1988 及 1990 年召开了 3 次国际电子显微学讨论会。自 1985 年起，每两年组织一次北京仪器分析会议及展览会中的电子显微学分会，迄今已召开 7 次。此外，从 1981 年起，每两年召开一次中日电子显微学讨论会，迄今已召开 8 次。我们还组团（30 ～ 60 人）参加了 1986、1990、1994 及 1998 年在京都、西雅图、巴黎及坎昆召开的国际电子显微学大会。这些国内和国际学术交流对推动和提高我国电子显微学的水平都起了积极的作用。

在钱临照先生的大力提倡下，我国的电子显微学研究近 10 多年来有了长足的进展。在不少大学及研究所设立了电子显微镜或微结构实验室，在微米级和细胞的结构方面都取得了优异成绩，目前正在开展纳米级及生物大分子的结构研究。通过这些研究和学术活动，一代青年电子显微学工作者正在茁壮成长，有些人已是国际上的知名学者。钱临照先生在中国科学技术大学的研究生周正洪教授在美国德州大学从事单颗粒病毒的电子显微学研究，1999年获美国生物医学研究方面发给少数优秀青年学者的 Pew 奖。青年学者王中林教授获美国显微学学会颁发的 1999 年度 Burton 奖，这是对过去 5 年中在电子显微学方面做出突出贡献的人的最高奖励，每年仅 1 人获奖。

为了弘扬钱临照先生对创建中国电子显微镜学会和发展我国电子显微学的巨大贡献，中国电子显微镜学会在 1992 年建立了"钱临照奖"，迄今，已有 7 位著名学者获此荣誉，其中 5 位是中国科学院院士。目前他们正继承钱临照先生所开创的事业，领导我国广大的电子显微学工作者，以改革和创新的精神，豪迈地迎接新世纪的来临。

作者简介

郭可信 (1923.08—2006.12)，1980 年当选为中国科学院院士，物理冶金和晶体学家，曾任中国科学院北京电子显微镜开放实验室主任。

钱临照先生对中国科学史事业的贡献[*]

席泽宗

图1 钱临照（右）与席泽宗最后一次谈话
（1998-04-22）

1996 年 1 月，鲁大龙博士在第七届国际中国科学史会议上曾有一篇报告《钱临照与中国科技史》，就这一问题，谈之甚详[1, 2]。在此之前，李志超教授也有过一篇《为钱临照先生献寿——从中国 科技史学会到科大科学史研究室》[3]。今天，就我与钱老的多年亲身接触（图1），再作一些补充，以庆祝他的铜像落成揭幕。

对李约瑟的影响

1954 年我与钱老第一次见面时，他才 48 岁，但那时他已是著名的物理学家，在人生的道路上已有许多令人钦佩的事迹。关于这些事迹，1995 年抗日战争胜利 50 周年时，他曾以《国破山河在，昆明草木春》为题，以回忆

* 本文是2000年4月4日在中国科学技术大学举行的"纪念钱临照先生学术报告会"上的报告，后发表于2000年第2期的《中国科技史料》杂志上，收录入本书时略有修改。

录形式，在《科技日报》上分为三次发表[4-6]。第三部分与科学史有关的一段是：

"晚上孩子们睡了，老母以摸纸牌为戏，妻子利用闲时以绣花补贴家用，我则伏案看书写文章。三人围坐在一盏小油灯下，对于经历了战乱、尝过颠沛流离之苦的我们来说，也算是一种享受了。就在这种安定的气氛下，我写了《释墨经中之光学、力学诸条》一文。"

钱老《释墨经中之光学、力学诸条》[7, 8]一文，现在已被看作是"《墨经》研究的里程碑"[9]，它对李约瑟走上研究中国科技史的道路产生了深远的影响。1943年李约瑟到昆明访问时，正逢钱老完成他的这篇力作，钱老和他大谈这部世界上最早的系统性很强的光学著作。钱老谈得津津有味；李约瑟听得非常入神，他对中国先哲的成就大为惊讶，从而使他着手筹备编纂《中国科学技术史》。正如李约瑟研究所所长何丙郁所说：

"不可错误地认为李约瑟是中国科技史研究的先驱。在本世纪前半期，一些中国前辈在这一领域已有相当的贡献，竺可桢、李俨、钱宝琮、钱临照、张资珙、刘仙洲、陈邦贤等，他们在后方，同李约瑟谈话时，自然会提到各学科的科学史问题，他们告诉他读什么书、买什么书和各门学科史中的关键要领等，这使李约瑟得到了很多的帮助和指导。"[10]

这在李约瑟《中国科学技术史》第一卷中也可以明显地看出来，在他感谢的科学家名单中，排在第一名的就是钱临照[11]。

对科技史事业重要性的论述

钱老在30多岁时就涉足中国科技史领域，写出《释墨经中之力学、光学诸条》这样颇具影响的好文章，但因忙于实验物理的工作，一直到"文革"结束以前，再没有过多地涉足科学史事业。20世纪70年代中期，中国科学院自然科学史研究委员会正、副主任竺可桢（1890—1974）和叶企孙（1898—1977）去世后，钱老责无旁贷地成了中国科学史事业的带头人。如果说1954年竺可桢发表的《为什么要研究我国古代科学史？》[12]是新中国成立以后科技史事业发展的第一个标志的话，1984年钱临照发表的《应该重视科学技术史的学习和研究》[13]则是第二个标志。后者视野更广阔，把研究范围拓宽到了全世界，他说：

"我之所以提倡科学技术史的学习和研究，首先是科学技术史为人类文明史的重要组成部分。开展科技史的研究，是一项基本的文化建设，属于一般智力投资，它在提高民族文化素质，进行唯物主义、爱国主义和国际主义教育以及中外文化交流等方面都有重要的意义。珍重本民族的科学遗产，是珍重自己历史，有自立于世界民族之林能力的标志之一。研究国外科学技术史，是汲取全人类智慧精华的一种途径，也是衡量有无求知于全世界决心的标志之一。因此，任何一个伟大的民族，总是十分重视科学技术史的教育和研究工作。一个不懂得本民族科技史，亦不了解世界科技史的民族，将不会成为一个伟大的有作为的民族！至今还认为科技史可有可无、可学可不学的观点，显然是不正确的；至于那种以为科学技术史与实现四个现代化没有多大关系的论点，则是对科学技术史的莫大误解。其实，科技史与实现四化有着密切的关系。……"

文章最后说：

"当前我们迫切需要提高对科学技术史意义的认识，有关部门应重视科学技术史的研究和教育工作，加强领导并在组织上和研究条件等方面给予一定的保障。科技史工作者更应进一步认识自己肩负的重任，在前辈科学史家开创的道路上，继承和发扬他们的史识和史德，刻苦钻研，写出更多更高水平的科学史著作。"

这篇文章可以说是多年来钱老在各种场合为科学史事业奔走呼喊的总结，其中提到的前辈科学史家的“史识和史德”，这里没有说明，但从1980年10月22日他对我一篇文章的复信（图2）中可以有些了解：

“大作‘竺可桢与自然科学史研究’一文已详读一过，颇觉纪事翔实，立论允当，竺老形象跃然纸上，其中记述竺老治学三论，宜为我辈所宗，质之吾兄，不知然否？”

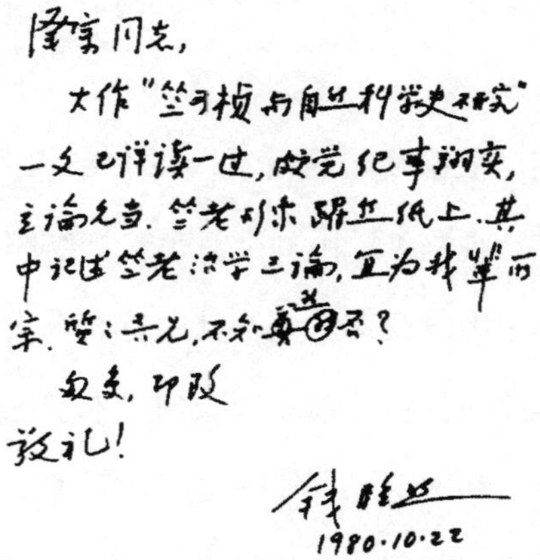
泽宗同志，
大作“竺可桢与自然科学史研究”一文已详读一过，颇觉纪事翔实，立论允当，竺老形象跃然纸上。其中记述竺老治学三论，宜为我辈所宗。质之吾兄，不知然否？
专复，即致
敬礼！
钱临照
1980.10.22

图2 钱老给席泽宗的复信

拙文中所述竺可桢的三点治学精神是：

“①不盲从，不附和，一以理智为依归。如遇横逆之境遇，则不屈不挠，不畏强暴，只问是非，不计利害。②虚怀若谷，不武断，不蛮横。③专心一致，实事求是，不作无病之呻吟，严谨饬毫不苟且。”[14]

这也就是现在所说的科学精神，是竺可桢先生从哥白尼、布鲁诺、伽利略、刻卜勒、牛顿、波义耳等人身上总结出来的[15]。

对实验科学史的重视

1980年10月6～11日，中国科技史界270余人在北京隆重集会，成立了中国科学技术史学会。这次会议从筹备开始，即是在钱老的具体指导下进行的，会上大家又一致推选他为首任理事长。在他任职的三年期间（1980—1983）对学会的大政方针和人事安排，都做了妥善部署，为20年来的发展奠定了基础，并且以后始终关心着学会的工作。关于这方面的情况，留待将来再说，今天只谈这次成立大会上钱老对我的一次具体帮助。

在这次会上，我宣读了一篇短文《伽利略前2 000年甘德对木卫的发现》[16]。钱老听后说：

"这件事很重要，是个新发现；但你只是文字考证，不能令人绝对信服。我建议，你组织青少年，到北京郊区做观测；如能成功，就有了强有力的说服力。"

根据钱老的指示，在1981年3月26日木星冲日之前的半个月（此时最容易观测），由刘金沂负责，组织了由10个人组成的观测队，到河北兴隆山上用肉眼观察木卫，其中有8个人在3月10日和11日凌晨0时至1时30分连续两夜各自独立地看到了木卫三，有3个13岁的初中一年级学生看到了木卫三和木卫二，有一位还看到了木卫一，他们三人都能看到比$6^m.6$还暗的星。后来，我们从《1981年美国天文年历》得知，1981年3月11日0时44分木卫四被木星掩食，我们没有能看到它，只是由于方位问题，而不是由于它的亮度不够。至此，我们以实践证明，木星的四个"伽利略卫星"不用望远镜都能看到，木卫三尤其容易，而甘德的记录非常逼真[17]。这一结果发表后，轰动了全世界的天文界，国际天文学联合会主席、澳大利亚悉尼大学名誉教授布朗（R.H.Brown）说这是很有意义的一件事，钱老的同龄人、日本学士院院士、京都大学名誉教授薮内清则写了专文[18]介绍，认为这是实验天文学史的开始。

钱老在《纪念胡刚复先生百年诞辰》一文中精辟地指出："众多的科学家之所以能做出杰出的贡献和获得丰硕的成果，其共同点都在于能摒弃形而上学，而以敏于观察、勤于实验为信仰所致。"[19]钱老在科学史领域除了倡导我做木卫的肉眼观察验证以外，在其后指导中国科技大学科学史研究室的工作中，更以实验性课题为特色，硕果累累，这里仅举一二。华同旭博士的漏刻研究[20]，李志超教授的浑仪、浑象研究[21-23]，一个对应于时间，一个对应于空间，都是辛辛苦苦动手做实验，取得了丰硕的成果；还有张秉伦教授和孙毅霖合作的秋石方复原实验[24]，用铁一般的事实否定了李约瑟关于秋石为性激素的说法，名扬海外，颇得好评。

颂我古兮不薄今　扬我中兮不轻洋

在中国科学技术史学会第一届常务理事会上，讨论提交1981年第16届国际科学史大会论文时，钱老主张以中国古代科学史为主；在讨论1984年在北京召开的第三届国际中国科学史会议时，钱老又把国内论文录取范围限定在中国古代。这给人造成一种错觉，似乎他只注意中国古代科学史，其实不然，这从上引《应该重视科学技术史的学习和研究》一文的内容就可以看出来，他只是反对蜻蜓点水，不做深入研究，抄抄写写。他对李约瑟的《科学前哨》[25]一书评价甚高，在1994年5月20日给我的信中说：

"此书虽小，较之《中国科学技术史》只能算是小书，但我认为与后者有同等价值。我国抗战八年，现存后方科学活动，记之维详，唯此一书而已，我们自己也无系统记载。……李约瑟尊重这段苦难中国科学家的活动，名之曰《科学前哨》，意味深长，我国人不能不知。"

在这本书的"前言"中，李约瑟夫妇对《科学前哨》（*Science Outpost*）这个书名的解释是：

"并不是因为我们在中国，我们与中英科学合作馆的英国同事就自认为是科学前哨；而是我们大家，英国科学家和中国科学家一起，在中国西部构成了一个前哨。"[26]

"如果本书有什么永恒价值的话，是因为记录了一个伟大民族不可征服的执着，尽管不充分。……人们不需要敏锐的洞察力，就能看出整个一代人奋发、牺牲、忍耐、信心与希望。与他们一起工作，我们非常自豪，因为今天的前哨将会是明天的中心和统帅部。"[26]

今天的中国虽然还远远没有成为世界科学的中心和统帅部，但新中国成立以来还是取得了很大的进展，对此钱老感到十分高兴，他在年近80岁的时候，出任《当代中国丛书》中的《中国科学院》卷主编，辛苦多年，成书上、中、下三册，洋洋150万言，对中国科学院前40年的历史，做了较为忠实的反映[27]。

颂我古今不薄今，扬我中今不轻洋。他曾亲自动笔写了长达4万多字的《西方历史上的宇宙理论评述》[28, 29]，主编了《世界著名科学家传记》丛书中的《物理学家》两册[30, 31]。他对许良英研究爱因斯坦和戈革研究玻耳感到由衷的高兴，多次说到我们国家有两个这样的专家很好。他带领学生研究牛顿和阿拉伯光学家伊本·海赛姆（Ibn al-Haitham)等，并派石云里出国学习阿拉伯天文学史，可以说他是全方位地注意到了科学史的各个领域。如果说有缺点的话，就是注意"外史"不够。

尊师重道，为叶企孙冤案平反做贡献

钱老对长辈非常尊重，对年轻人则严格要求，注意培养。1996年严济慈先生去世后，他写的《望桃李春色，仰蜡炬高风——回忆吾师严济慈先生的教育工作》[32]，情节非常感人。"文革"期间，叶企孙先生以"特务"罪名，受到监禁，出狱后仍然被定为"不可接触的人"，钱老则多次前往探视，促膝谈心，并于1982年发表《纪念物理学界的老前辈叶企孙先生》[33]一文，用过硬的材料，第一次公开肯定了叶先生1938年在天津从事的活动是爱国抗日活动，不是特务活动。这段材料来自他偶然读到的高叔平编著的《蔡元培年谱》。该书第140页上有录自蔡元培《杂记》中的一段文字。

"叶企孙到香港，谈及平津理科大学生在天津制造炸药，轰炸敌军通过之桥梁，有成效。第一笔经费，借用清华大学备用之公款万余元，已用罄，须别筹。拟往访宋庆龄先生，请作函介绍。当即写一致孙夫人函，由企孙携去。"

此事发生在 1938 年 11 月，他以此为线索，命研究生胡升华进行详细调查，写出硕士论文《叶企孙先生——一个爱国的、正直的教育家、科学家》，中共河北省委也依此为据，于 1986 年 8 月 20 日作出为"叶企孙派到冀中地区的特务熊大缜"平反昭雪的决定，文曰：

"熊大缜同志是 1938 年 4 月经我党之关系人叶企孙、孙鲁同志介绍，通过我平、津、保秘密交通站负责人张珍和我党在北平之秘密工作人员黄浩同志，到冀中军区参加抗日工作的爱国进步知识分子。当时，他放弃出国留学机会，推迟结婚，为拯救民族危亡，毅然投笔从戎。到冀中后……他研制成功了高级烈性黄色炸药，用制造出的手榴弹、地雷、子弹等，武装了部队，提高了我军战斗力，还多次炸毁敌人列车。同时，他还通过各种渠道，利用叶企孙教授之捐款，聘请和介绍各方面技术人才到冀中参加抗战……对冀中之抗战做出了不可磨灭的贡献。定熊大缜同志为国民党 CC 特务而处决，是无证据的，纯属冤案。因此，省委决定为熊大缜同志彻底平反昭雪，恢复名誉，按因公牺牲对待。凡确因熊大缜特务案件受到株连的同志和子女亲属，由所在单位党组织认真进行复查，做出正确结论，并做好善后工作。"

至此，叶企孙的特务冤案才算彻底解决，而在这一解决的过程中，钱老支持的科学史研究又起了不小的作用[34]。

严格把关　热心培养青年

1978 年 5 月，我去合肥到钱老家中做客，正碰上负责科大少年班的一位同志和他谈话，说过几天有位领导人要到少年班来参观，为了迎接，要布置教室，要钱老届时讲课如何如何。钱老大为不满，说这样弄虚作假，我不干，说这样做只能把小孩子带坏。那次谈话给我留下深刻的印象，觉得真是铁面无私，寸步不让。过了6年以后，钱老果然把这种严格认真的作风带到第三届国际中国科学史会议上来了。

第三届国际中国科学史会议定于1984年8月在北京召开。我向中国科学院写了一个报告，请求严东生副院长担任主席。严东生说：这事情还是得请钱老，钱老德高望重，有凝聚力。钱老接受任务后，1983年9月20日第一次和我见面，就提出了3点要求：

（一）国内学者参加会议必须凭论文。论文要密封审查。每篇文章要请三位专家审查，两人同意方可通过。不能采取分配名额办法，不搞照顾，不问年龄、性别、职称，大家一律平等。

（二）内容限于中国古代科学史，综述性文章不要，讨论中国近代科学落后原因之类的文章不要。

（三）每篇文章包括参考文献在内，限定4 000字，超出字数者要求压缩；自己不愿压缩者，将来交超出部分的版面费。文章最好用英文写，如是中文，应有一页纸的详细英文摘要。

这3点要求，在当时的组织委员会讨论时，遭到了许多人的反对，尤其第三点，有人认为这简直不可能，"科学史的文章，4 000字哪能说明问题"。后经让步，扩大为5 000字，但要严格执行。成立由杜石然、王奎克、艾素珍组成的审查小组，每篇文章由杜、王二人共同决定送谁审查，由艾素珍执行，绝对保密。这样选拔的结果，确实很好，一批年轻人，像刘钝、王渝生、罗见今、金正耀和马伯英等，得以脱颖而出，使外国人觉得我们确有人才，欣欣向荣。

国际中国科学史会议在英国剑桥开过第六届以后，到日本京都开第七届时被改名为国际东亚科学史会议，钱老对此事极为不满。1994 年 8 月中国科学技术史学会第五次代表大会在北京怀柔召开之际，他明确提出，不管东亚科学史会议如何，国际中国科学史会议还要继续开下去。此一倡议，得到了与会许多代表的热烈响应，中国科学院路甬祥院长也表示支持。此后，已于 1996 年 1 月在深圳开过第七届，1998 年 8 月在柏林开过第八届，而今第九届正在酝酿中。

时间过得很快，钱老于去年 7 月 26 日逝世，至今已经八个多月了。今天，我们能有这么多的人来集会纪念他，交流学术，正表明他关心的科技史事业兴旺发达，后继有人。钱老如果在天有知，亦当含笑于九泉。

参 考 文 献

［1］鲁大龙 .1996. 钱临照与中国科技史 . 中国科学史通讯，(11)：123–132.

［2］鲁大龙 .1991. 钱临照与中国科技史 // 王渝生，赵慧芝主编 . 第七届国际中国科学史会议文集 . 郑州：大象出版社：133–138.

［3］李志超 .1992. 为钱临照先生献寿——从中国科技史学会到科大科学史研究室 . 中国科学史通讯，（3）：173–177.

［4］钱临照 .1995–11–13. 国破山河在，昆明草木春：入"虎穴"，仪器安全运昆明 . 科技日报 .

［5］钱临照 .1995–11–20. 国破山河在，昆明草木春：重应用，成批生产颗微镜 . 科技日报 .

［6］钱临照 .1995–11–27. 国破山河在，昆明草木春：坚信念，克服困难苦作甜 . 科技日报 .

［7］钱临照 .1943. 释墨经中之光学、力学诸条 // 国立北平研究院主编 . 李石

曾先生 60 岁寿辰纪念论文集 . 昆明：国立北平研究院：135–162.

[8] 钱临照 . 1987. 释墨经中之光学、力学诸条 // 方励之著 . 科学史论集 . 合肥：中国科学技术大学出版社：1–36.

[9] 徐克明 . 1991.《墨经》研究的里程碑 . 中国科技史料，12（4）：12–17.

[10] 何丙郁 . 1996. 如何正视李约瑟博士的中国科技史研究 . 西北大学学报，（2）：93.

[11] 李约瑟 . 1990. 中国科学技术史，第一卷：导论 . 袁翰青，王冰，于佳，译 . 北京：科学出版社，上海：上海古籍出版社：9.

[12] 竺可桢 . 1954–08–27. 为什么要研究我国古代科学史 . 人民日报 .

[13] 钱临照 . 1984–03–31. 应该重视科学技术史的学习和研究 . 科学报 .

[14] 席泽宗 . 1982. 竺可桢与自然科学史研究 // 纪念科学家竺可桢论文集 . 北京：科学普及出版社：41–57.

[15] 竺可桢 . 1941. 科学之方法与精神 . 思想与时代：（1）.

[16] 席泽宗 . 1981. 伽利略前 2 000 年甘德对木卫的发现 . 天体物理学报，1（2）：85–88.

[17] 刘金沂 . 1981. 木卫的肉眼观测 . 自然杂志，4(7)：538–539.

[18] 薮内清 . 1982. 實驗天文学の試み . 现代天文学構座月报，（14）：1–2.

[19] 钱临照 . 1987. 纪念胡刚复先生百年诞辰——谈物理实验 . 物理通报，(5)：2–5.

[20] 华同旭 . 1991. 中国漏刻 . 合肥：安徽科学技术出版社 .

[21] 李志超 . 1987. 关于黄道游仪及熙宁浑仪的考证和复原 . 自然科学史研究，6(1)：42–47.

[22] 李志超，陈宁 . 1993. 关于张衡水运浑象的考证和复原 . 自然科学史研究，12(2)：120–127.

［23］李志超. 1995. 天人古义——中国科学史论纲. 郑州：河南教育出版社：285-296.

［24］张秉伦，孙毅霖. 1988. "秋实方"模拟实验及其研究. 自然科学史研究，7（2）：170-183.

［25］Joseph Needham & Dorothy Needham. 1948. Science Outpost, London: The Pilot Press.

［26］李约瑟，李大斐. 1999. 科学前哨 // 余廷明，唐道华，滕巧云，等，译. 李约瑟游记. 贵阳：贵州人民出版社：1-318.

［27］钱临照，谷雨. 1994. 中国科学院. 北京：当代中国出版社.

［28］钱临照. 1978. 西方历史上的宇宙理论评述 // 中国科学技术大学天体物理组. 西方宇宙理论评述. 北京：科学出版社：1-55.

［29］钱临照. 1987. 西方历史上的宇宙理论评述 // 方励之. 科学史论集. 合肥：中国科学技术大学出版社：37-88.

［30］钱临照，许良英. 1990. 世界著名科学家传记·物理学家 I. 北京：科学出版社.

［31］钱临照，许良英. 1992. 世界著名科学家传记·物理学家 II. 北京：科学出版社.

［32］钱临照. 1996-12-01. 望桃李春色，仰蜡炬高风——回忆吾师严济慈先生的教育工作. 科技日报.

［33］钱临照. 1982. 纪念物理学界的老前辈叶企孙先生. 物理，11(8)：466-470.

［34］胡升华. 1988. 叶企孙先生与"熊大缜案". 中国科技史料，9(3)：27-34.

作者简介

席泽宗（1927.06—2008.12），1991年当选为中国科学院院士，天文学家和天文史专家。中国科学史事业的开拓者之一，我国第一个科学史研究机构——中国自然科学史研究室（中科院自然科学史研究所前身）的创建者之一。

对我的老师钱临照先生的怀念 *

李　林

　　钱先生已经离我们去了，但是他的诲人不倦的精神永远铭刻在我的心中。他虽然没有教过我书，但是我从他那里学来的知识，远比我在国外的导师多，他总是那么认真地教，又那么谦虚，当他的学生是很幸运的。

　　20世纪30年代，钱先生在英国伦敦大学Andrade教授处深造，他做的研究工作是金属的范性形变。我于1946年到英国伯明翰大学冶金系，也是学的金属的范性形变。我们用了Andrade教授设计的小巧玲珑的恒应力拉伸机，拉伸单晶锌丝。一天，Andrade教授来到我们实验室参观，正看见我在装拉伸样品，他微笑地对我说："你知道吗？这台设备是你的同国人(countryman)钱帮我制造成功的，他很聪明。"原来，Andrade想做恒应力的拉伸实验已有很久，但是怎么也想不出实现的好方法，钱先生去到他那里学习后，他就找钱先生商量，钱先生认真地想了许久并进行了计算、画图。一天，钱先生找Andrade教授，对他说："我想出了一个办法，不过目前只能做一种金属锌，因为只有它有一个底面(basal plane)。"他拿出了他的图纸和计算的结果，解释给Andrade听。Andrade听得入神，一声都不吭，听完后哈哈大笑，他说：

---

* 本文曾发表于1999年第12期的《物理》杂志上。

"你帮我解决了一个大问题，我们马上动手就做。"钱先生的想法是这样的：样品是一根约 1mm 直径的锌丝，但是制备出的样品底面和中心轴有不同的角度，因此首先要测出样品的这个角度 Ψ，然后用不同 Ψ 值计算拉伸机的悬臂（cantilever）的弯曲度，因为锌只有一个底面，计算就方便得多了。为了得到恒应力，不同 Ψ 的样品可用不同弯曲度的悬臂。这样一个小拉伸机配备了许多弯曲度的悬臂，就可以得到恒应力的拉伸结果。钱先生在他的实验工作中总是有许多巧妙的想法，所以人们都认为钱先生是一位非常好的实验工作者。

我真正见到钱先生是在 1955 年北京应用物理研究所。我那时在上海冶金研究所工作，听到钱先生利用现有的卧式金相显微镜，自己设计了长焦距物镜镜头，再做一片干涉片，放在显微镜的样品台上，不仅能很清楚地看见纯铝表面的滑移线，而且还可以利用干涉条纹分辨滑移线与铝基底平面的高度差。我向冶金研究所提了申请到应用物理研究所钱先生处实习一个月，因为当时我正在做体心立方体的纯铁的范性变形研究。我的要求被批准了，我就带着我刚两岁的女儿来到北京。我把女儿安顿在父母家里，他们开心得不得了。我自己就去东黄城根应用物理研究所上班，物理研究所的同志带我去见钱先生，记得那是一间很大的实验室，里面放满了各种各样的仪器，钱先生一个人在里面埋头做实验，我从仪器缝里走到钱先生的跟前，咳了一声，钱先生抬头看了我一下，我就把介绍信给他看。他看完信后笑着对我说，"你就是李老先生的女儿，欢迎欢迎。"于是我就向他提出实习的要求。钱先生很热心，他向我介绍了许多过去我不知道的学习内容，我们做了个计划，在一个月内完成。我早出晚归，在钱先生的指导下做了许多实验，我不仅观察了面心立方体纯铝的滑移线传播方式，还观察了我自己带的样品体心立方体纯铁的滑移线的传播方式。此外我还向钱先生学做了干涉片，设计了长焦聚物镜。我快走之前将我小女儿带到钱先生的实验室，在我和钱先生热烈讨论问题时，这孩子在仪器下面钻来钻去玩起捉迷藏来，钱先生看了眯眯地笑，他总是那么友善，使人愿意和他亲近。我回上海时，长焦距的物镜还没有做好，钱先生就对我说："你先把我的物镜拿去用，以后你的做好了我再用你的。"钱先生对我这样好使我非常感动。

1956年11月，中国科学院领导通知我要我赴东京参加第一届泛太平洋地区电子显微学会，团长是方心芳先生，还有两位医学科学院的同志及一位翻译。那时除我之外其他几位同志都未接触过电子显微镜。但是我回国5年也未做过电子显微镜的工作。出国前到北京学习时，我又去找了钱先生并和他商量，问他参加会议不作报告好不好？钱先生对我说："我这里有一篇和何寿安同志合作的现成的文章《铝单晶体滑移的电子显微镜观察》，不过是中文的。"他又给了我许多用氧化铝复型照的铝滑移线电子显微像，叫我任意挑选。我从中挑了几张最好的照片，并带了他们的文章，连夜分析照片参考文章进行了翻译。第二天就送给钱先生看。钱先生非常认真地阅读、修改，然后他对我说："这篇文章有了你的英文读音，可以在大会上报告了。"在东京开会前，会务委员会果真临时安排了我作大会报告。报告的英文题目是"Slip Propagation of f.c.c.Aluminum Crystals"。我报告完后掌声热烈，晚宴时被许多国家的代表包围，包括美国和加拿大代表在内，他们对新中国刚成立后不久就有这样水平的电子显微镜工作，感到很惊奇，这是第一篇向西方国家报告的学术论文，钱先生在国际学术交流方面起了带头作用。在这之后不久，钱先生因为工作关系，给上海冶金研究所买了一台东德的透射电子显微镜和一台瑞士产的冷阴极电子衍射仪。还请了苏联专家帮我们安装透射电子显微镜，电子衍射仪是我和朱健同志一起安装好的。从此我们冶金研究所就开展了金属材料的相变和形变的电子显微镜和电子衍射的研究工作。

60 年代初，我父亲（李四光）邀请钱先生到家里向他请教，父亲拿出一块小的弯曲 90° 的漂砾，问道："钱先生，人们都认为石头是脆性的，但是这块弯曲的石头证明石头也可能是范性的。我认为这块石头所以能够产生 90° 的弯曲而不断裂是岩石产生了蠕变的结果，你的意见如何？"钱先生拿起石头仔细地观察，对我父亲说："李先生，你的意见我同意，这块石头在弯曲 90° 角的外表面非常光滑，没有一点裂纹的痕迹，而在内表面产生了许多褶皱，这说明岩石外表面受到了拉应力而内表面受到了压应力。这种形变的产生只有在长时间小应力下才可能发生，因此我同意你的意见，岩石是发生了蠕变。"我父亲听了非常高兴，原来他在 1946 年曾为这块漂砾在英国《自然》（*Nature*）杂志（Vol.157，p590）上发表过一篇文章题为"*A Bent Pebble*"，其中的观点就是和钱先生的一样。我父亲请钱先生来就是希望钱先生能为我父亲设计岩石蠕变实验。于是我父亲说明了他对钱先生的请求，并聘请钱先生为地质力学研究所的兼任研究员。我父亲已经利用研究所园子里的一座古坟，建设了一个恒温、防震的实验室。他请钱先生去参观这个实验室并对他说："你如果有什么不满意的地方尽管提出来，我一定解决。"我父亲还向钱先生介绍了一位学物理的科研人员做他的助手，于是在钱先生的具体指导下，他们设计出 3 台岩石蠕变实验装置：一台是悬臂式（cantilever type）蠕变；一台是弯曲（bending type）蠕变，一台是扭转（torsion）蠕变。岩石样品种类是我父亲选的，试样的形状和大小是钱先生定的。1963 年年初，蠕变实验开始了，形变是用百分表人工测量的。实验开始后，钱先生笑着对我父亲说："1936 年，我在英国的时候，曾到英国皇家学会地下室参观，看到一条条直径不同的铅棒挂在那里，我问他们这是干什么？他们回答是做蠕变实验。由于铅自身的重量就产生了蠕变，但是时间非常长，这些铅棒已经挂了近百年时间，隔半年就会有人去测量一次，这种实验是几辈子的事。你的岩石更难蠕变，你我是看不见结果了，希望后人能把这实验坚持下去，到那时再在 *Nature* 上发表文章完全是可能的。"

我最后一次见到钱先生是在 1998 年 9 月，我和邹承鲁都被邀请去合肥参加中国科学技术大学建校 40 周年校庆，我们住在贵宾招待所，我打听了钱先生的情况，人们告诉我他的身体还好，我们就要求去拜访他，哪知钱先生却要来看我们，真是不好意思。那天下午天气很好，钱先生被他的学生推着轮椅来到贵宾招待所，我们在客厅见面，钱先生的精神还很好，他说："我现在没有机会出来，这个招待所我还没有来过，所以我要来看你们。"他像一般老人一样对过去几十年的事记得非常清楚，他对我说："你的父亲李老先生给我看过一块弯曲的小石头，他对这块石头很宝贝，我觉得这块石头很有意思，帮他设计了岩石蠕变实验，不知道这个实验怎样了？"后来我看到钱先生比较疲倦，就没有回答他的问题，我对他说："您回去休息吧。"他的学生就把钱先生慢慢地推出招待所门口，我们在门口望着他被推得愈来愈远，他回头向我们不断地招手，直到看不见人影。

作者简介

李林（1923.10—2002.05），1980 年当选为中国科学院院士，著名地质学家李四光之女，中国科学院物理研究所研究员。

缅怀钱临照先生对中国物理学会和中国电镜学会的贡献 *

吴自勤

钱临照先生 1906 年生于江苏省无锡县，1929 年毕业于上海大同大学物理系，受到过胡刚复先生和严济慈先生的教诲。1930—1931 年，他在沈阳东北大学任教。1930 年，叶企孙先生访问东北大学时曾和钱临照见面。1931 年"九一八"事变后，他被迫入关，被严济慈先生录用为北平研究院物理研究所助理研究员。1934 年，他在叶企孙先生的鼓励下考取中英庚款公费名额赴英国留学。1937 年他回国后先后在物理研究所、中国科学技术大学工作，1999 年 7 月 26 日在合肥去世。他的一生业绩已有麦汝奇的专文介绍（见 1996 年出版的《中国科学技术专家传略》物理学卷 1），本文主要缅怀他对中国物理学会和中国电镜学会的贡献。

1932 年 8 月，中国物理学会成立，钱临照先生是物理学会第一批 88 名会员之一，从此开始了他和中国物理学会的不解之缘，60 多年来他为中国物理学会和中国电镜学会做了许多实事，做出了卓越的贡献。

钱临照先生是较早参加中国物理学会年会的会员之一。在 1932—1934 年

---

* 本文曾发表于1999年第12期的《物理》杂志上。

举行的第一、第二、第三次中国物理学会年会上，与会代表宣读的论文数分别为 10、23、39 篇，其中严济慈和钱临照在这 3 次会议上共有 5 篇论文发表。这些论文的题目是《压力对于相片感光性之响应》《压力对于相片感光性之作用》《水晶柱被扭发电现象》《水晶扭电定律》和《水晶柱之振动》。这两方面是他当时从事的有实际意义的研究课题，报告之后，他们还将这两方面的研究成果整理成 11 篇外语文稿分别送《法国科学院报》《自然》《中国物理学报》等期刊发表。

中国物理学会成立后即设立物理学名词审查委员会，1933 年 8 月 21 日至 9 月 2 日，名词审查委员会在上海霞飞路 (今淮海中路) 中央研究院物理研究所开会 9 天，参加者有吴有训、严济慈、杨肇燫等人，钱临照和林树棠担任记录、誊缮、初校工作，会议审定了名词 5 000 余条，在 1934 年由国立编译馆出版公布，使延续十几年的物理学名词审定工作有了最初的成果。以后，钱临照先生一直关心物理学名词工作，1985 年经国务院批准成立了全国自然科学名词审定委员会，钱临照任委员，他同时兼任下设的物理学名词审定委员会顾问委员，做了许多实事，如 1988 年复审 5 000 多条基础物理学名词，提出了宝贵意见。

1933 年，《物理学报》创刊，到 1937 年共出刊一卷一、二、三期，二卷一期，三卷一期共 5 期。抗日战争爆发后，《物理学报》停刊，1939 年、1940 年出版三卷二期、四卷一期后又因太平洋战争停刊。1943—1944 年和 1946 年，钱临照先生两次担任中国物理学会常务理事兼秘书 (学会主要领导人为正、副理事长、秘书和会计)，同时他和王竹溪先生担任《物理学报》干事 (相当于主编)，他们努力克服困难使《物理学报》复刊。当时他们在昆明找不到印刷厂，就通过在成都的会员李珩等找到一家小厂用粗糙的土纸印刷出版了五卷一、二期 (1944 年) 和六卷一期 (1945 年)，学报的校对也委托成都会员进行。1944 年 10 月，他们在大后方分区举行的年会上报告了《物理学报》克服了许多困难得以复刊的经过，当时作为一件大事记录在 1944 年中国物理学会会务报告之中。以后他一直任《物理学报》干事到 1951 年。1951—1966 年，他任《物理学报》副主编。1944—1965 年，《物理学报》每年的页数由约二三百页发展到 2 057 页。

1982 年，钱临照先生积极指导和参加了中国物理学会成立 50 周年的纪念活动。在《物理》杂志的特约下，他广泛收集资料，撰写了《中国物理学会 50 年》一文（发表于 1982 年第 8 期《物理》），他以丰富的史料、生动的事例和深挚的感情，综述了中国物理学会 50 年的发展简史。他在 1982 年 12 月举行的中国物理学会第三次全国代表大会暨中国物理学会成立 50 周年纪念大会上作了报告，使与会代表受到一次深刻的爱国主义教育。在代表大会上他被推举为名誉理事（共 8 名）。上文发表后他收到了一些来信，根据这些来信提出的意见，他一丝不苟地在 1983 年第 6 期《物理》上刊出短信，对他的文章进行增补和订正，如在介绍胡刚复、叶企孙、吴有训等老一辈物理学家的学术贡献的一段中，增补"余瑞璜关于 X 射线强度的统计研究"，在介绍 1944 年《物理学报》复刊的一段中，将"积极主动的李珩一人"订正为"积极主动的李珩及曾泽培等人"，等等。《物理》在他的指导和帮助下，收集到一批中国物理学会成立初期的历史资料，发表了多篇怀念老一辈物理学家的文章（发表于 1982—1983 年的《物理》）。

1992 年他和吴自勤、李寿枬合作撰写了《中国物理学会 60 年》一文（发表于 1993 年第 7 期《物理》），文中综述了中国物理学会近 10 年来的各项活动和物理学各分支学科的进展。此文在 1993 年 3 月举行的中国物理学会第五届第二次全体理事会上作为报告予以陈述。

钱临照先生对前辈和同辈物理学家有深厚的感情，他在 1982 年第 8 期《物理》上发表文章《纪念物理学界的老前辈叶企孙先生》，文中描述在"文革"时期他多次前往探望叶先生，对叶先生身处的逆境"不觉暗自落泪"。他在文中引用屈原《橘颂》中的两句话："苏世独立，横而不流兮，闭心自慎，终不失过兮"，赞颂叶先生的高尚道德品质。他在1982年第11期《物理》上发表文章《怀念故友晶体学家陆学善同志》，文中讲到陆先生1954年起患严重的心脏病20多年，并引用他对钱先生说过的话，"我的病和郑大章先生(注：我国放射化学创始人)的病类似，郑先生病数年即殁，假如我的病在新中国成立之前，恐怕我的命运也和他相同"，表达他们两位好友热爱新中国的心情。1986年3月，谢玉铭先生在海外逝世，钱临照先生在《物理》1987年第3期上发表文章《悼念我国物理学界前辈谢玉铭教授》，回忆他和谢先生昔年的交往，文中还说："哲嗣谢希德教授(注：谢玉铭教授之女)今日长复旦大学……遗憾的是父女分处海峡两岸，隔海遥望而终不得一面。他日全国统一实现，当赋魂兮归来。"充分反映出他对两岸早日统一的期盼。

1987年2月，中国物理学会第四次全国代表大会期间，召开了胡刚复、饶毓泰、叶企孙、吴有训纪念大会，钱临照在会上作了"怀念胡刚复先生"的报告(发表于《物理》1987年第9期)。大会还作出决议，建立胡刚复、饶毓泰、叶企孙、吴有训物理奖。在这件事上钱临照先生起了积极的推动作用。他和我们谈起：在中国物理学会常务理事会上原来提出的物理奖冠名中没有胡刚复，他在会上介绍了胡刚复的事迹并建议冠名，在会上他还介绍了胡刚复的人品，包括在大同大学授课不领工资，并且用个人收入资助在法国的优秀留学生等情况，当时在座的严济慈先生说，这个留学生就是我，最后会议一致同意胡刚复在物理奖前的冠名。

1987年9月，中国科学技术史学会、中国物理学会等9个学会联合召开纪念牛顿《自然哲学之数学原理宇宙体系》出版300周年大会，会议由中国物理学会理事长黄昆先生主持，钱临照在会上作了"牛顿及其《原理》——纪念牛顿《原理》出版 300 周年"的报告（发表于《物理》1987 年第 12 期）。

打倒"四人帮"后，中国科学界迎来了春天，学会组织得到迅速发展。1979 年，钱临照、柯俊、郭可信等发起成立中国电子显微学会，并于 1980 年 11 月在成都召开成立大会，成立了作为中国物理学会分会的中国电子显微镜学会，钱临照先生当选为第一届理事长。理事长任期 4 年，但两年后他就竭力推荐郭可信先生继任第一届理事长并经理事会通过。理事会还一致推举钱临照为名誉理事长。1982 年 2 月，《电子显微学报》编委会成立，同年《电子显微学报》创刊。直至 1996 年，钱临照先生任该刊主编。1986 年 4 月他主持《电子显微学报》编委会，总结学报 1 ~ 4 卷的出版工作，推动了学报质量的提高。

钱临照先生热情支持国产电子显微镜的研制和应用工作。他十分关心 1984 年 12 月召开的国产电子显微镜应用成果交流会，并亲自为这次会议的文集作序，盛赞文集"代表我国科技工作者的志气，蕴藏着多少豪情壮志和奋发图强的精神"。

钱临照先生以他的精湛的学术成就和深厚的文化素养与日本的国际知名学者桥本初次郎教授建立了牢固的友好联系，他们互赠过自己的字画作品。1981 年 7 月，第一届中日电子显微学会议在中国召开（以后每两年举行一次，直至 1999 年），钱临照先生作长诗词一首并书写成条幅送给日本学者，在诗词中他回顾中日友好历史后说："文化贵交流，渊源传自古，今朝举盛会，老树发新果……仰天拊掌一长啸，我辈岂是忘情人，愿此绵绵无尽意，传之万代子子复孙孙。"经过他和郭可信先生的努力，组织了许多电子显微学家参加 1986 年 8 月在日本京都举行的第 11 届国际电子显微学会议（与会的学者超过 2 000 名，其中的中国学者共 85 名）。当时桥本初次郎任国际电子显微学会联合会主席，在他和其他友好人士的支持下，排除了中国台湾所占的国家成员席位，中国电子显微镜学会作为正式国家成员参加了国际电子显微学会联合会。中国台湾的电子显微学会改名为电子显微学会·台北·中国。

1992年，中国电子显微镜学会设立钱临照奖，每两年奖励两名为发展中国电子显微学事业做出重要贡献的学者。1996年钱临照先生九十华诞之际，中国电子显微镜学会理事长郭可信先生约请专家撰写了电子显微学论文31篇汇集成《电子显微学报》的纪念文集。郭可信先生又建议将全部论文录入中国科学技术大学出版社精装出版的《钱临照教授九十华诞纪念文集》。

钱临照先生一生多方关怀学会，他多次和我们谈起中国物理学界团结爱国的优良传统，他认为学会是团结全国物理学家的重要阵地。他为学会所做出的卓越贡献值得我们后辈永远怀念。

作者简介

吴自勤（1932.08—2013.08），中国科学技术大学天文与应用物理系教授，曾任中国物理学会《物理》杂志主编，《电子显微学报》副主编，中国电子显微学会常务理事、材料与物理专业委员会主任。

钱临照先生与中国科学技术大学 [*]

朱清时

钱老离我们而去已经有两年多了，但他的音容笑貌、大师风范已在科大人的心中留下了深深的烙印。每当走过图书馆前那片郁郁葱葱的树林，竖立其中的钱老铜像，总令人肃然起敬。他那炯炯有神的目光，仿佛在永久地注视着每一个科大人，催促科大人要不断开拓进取。

钱老1906年8月生于江苏无锡，1929年毕业于上海大同大学，1931年任北平研究院物理所助理研究员，1934年经考试取得庚子赔款第二届公费留学生资格，赴英国伦敦大学留学。1937年抗日战争爆发后，钱先生当即返回国内，奉命设法将北平研究院物理所的仪器运往昆明，并在迁至昆明的北平研究院物理所从事科研工作。抗战胜利后，随物理所回迁北平，1947年赴纽约联合国救济总署工作，1948年兼任中央研究院代理总干事，1949年任中国科学院物理所研究员，1955年当选为中国科学院数理化学部委员，1960年调入中国科学技术大学任教，1979年至1984年任中国科学技术大学副校长。

钱老毕生致力于物理学的发展。1939年在昆明的中国物理学会学术会议上将晶体位错理论在中国作首次公开介绍，为日后在中国推广该理论奠定了

---

[*] 本文是《钱临照文集》一书的序，该书于2001年由安徽教育出版社出版。本文标题为本书编者所加。

基础。50 年代，他设计的高灵敏度拉伸机成为研究金属单晶范性的重要设备。他完成了锡单晶表面刻度所导致的滑移特征的研究，大大促进了我国固体力学强度的研究。

钱老数十年来与科大的事业休戚与共。1958 年科大建校伊始，就亲自给物理系的学生讲授普通物理学。1970 年，钱老与他挚爱的科大一起从北京迁至安徽，此后一直坚持在校本部工作。在落户合肥的最初几年里，学校面临着重重困难，钱老总以事在人为的坚定态度勉励广大师生，并以自己的实际行动激励大家共同为办好科大而努力奋斗。1978 年钱老主持制订了全校的物理教学计划，精心挑选教学与科研水平高的教师主讲基础物理课。他负责重建物理教学研究室，全力支持筹建科大天体物理中心，积极创建结构成分分析中心实验室。

钱老生前一直关注少年班，与少年班结下了不解之缘，深受少年班师生的爱戴。1978 年我校招收首届少年大学生，钱老亲自担任少年班研究组组长。每逢杨振宁、李政道、丁肇中、吴健雄、陈省身等著名科学家莅临少年班参观，钱老都亲自陪同，少年班成立不久，钱老陪同严济慈校长视察少年班时，曾经语重心长地说："你们要带好少年班学生。他们今天是国家的财富，将来是国之栋梁！"钱老任副校长之后，虽然公务繁忙，仍对少年班工作多有指导。钱老要求大家要关心和爱护少年班的学生，对外界的宣传也要淡然处之，为这些青少年学生创造一个平静而又宽松的成长环境。少年班作为新型的办学模式，在 20 多年的办学实践中取得了很大的成功。这无疑与钱老的关怀和支持是分不开的。

钱老少承家学，在文史方面打下了坚实的基础。他在《释墨经中之光学、力学诸条》一文中，站在现代物理学高度，深刻地揭示了这些条目的物理学意义，令英国著名科学史家李约瑟惊叹不已。中华人民共和国成立后，他在科学史研究方面投入了大量的精力。1980年中国科学史学会成立时，他因为众望所归被推举为首届理事长，为科学史的发展做了大量的组织领导工作。不仅如此，他还富有远见地把目光投向科学史教育事业的发展。80年代初，他与王竹溪先生共同担任国务院学位委员会第一届学科评议组物理组组长，率先争取在"物理学"一级学科之下设立了物理学史博士点，开创了我国自行培养科学史博士的历史。在他的积极支持和直接参与下，科大很快成立了自然科学史研究室，开始招收自然科学史的硕士和博士研究生。他亲自担任该室第一任主任和研究生导师，从事科学史研究以及研究生的指导工作，为国家培养了大批科学史人才，使科大成为国内外著名的科学史人才培养基地和国际知名的科学史研究机构。

钱老非常关心、爱护学生，十分重视对年轻学者和青年学生进行科学道德教育和爱国主义教育，尽可能为他们的成长创造条件，要求他们立足国内，放眼世界。对出国的师生，钱老与他们始终保持密切联系，经常向他们介绍国内形势和科大新貌，希望他们早日学成回来报效祖国。

钱老始终关心国家同步辐射实验室的建设与发展。1994年，88岁高龄的钱老与唐孝威院士发起并联合34位院士向国家有关部门提出《关于集中力量全面建设、充分利用合肥国家同步辐射光源的建议》，这一建议受到国家有关部门的高度重视。作为国家"九五"期间大科学工程之一的"合肥国家同步辐射实验室二期工程"，现在已经接近完成。钱老的愿望终于得到了实现。

钱老几十年如一日，与科大同舟共济，患难与共。直至临终前，他仍然诲人不倦，耕耘不息。科大人哪里有困难，哪里就有他的支持和关心。科大人哪里有成功，哪里就有他会心的微笑。病危期间，当他得知教育部、中科院、安徽省关于政府重点共建中国科学技术大学这一重大事件得以实现，感到由衷的宽慰。他的全部身心已和科大的命运及国家科学教育事业的命运融为一体。他在所有科大人心目中的崇高威望，是他几十年如一日实践自己高尚精神追求的结晶。钱老多年一直忠诚于党的科教事业，把祖国的繁荣昌盛作为自己奋斗的目标。在他70多岁高龄要求加入中国共产党的愿望得以实现之后，他精神焕发，更加积极努力工作，经常以周恩来等老一辈革命家为榜样，处处以共产党员的标准严格要求自己，在工作、学习和生活等方面为我们树立了光辉的典范。

与钱老生前一起工作过的同事和受过他教诲的学生，经过精心准备，编辑了《钱临照文集》，这是一件非常有意义的工作。钱老对我国科教事业和中国科学技术大学的建设与发展所做出的重要贡献将永远铭刻在我们心中。

作者简介

朱清时（1946.02—），1991年当选为中国科学院院士，化学家，中国科学技术大学第七任校长。

忆钱临照先生对学生的关怀 *

侯建国

送走钱临照先生已整整一个月了，但先生栩栩如生的音容笑貌仍不时浮现在我的面前，回想起多年来他对我们的许多帮助和教诲，心情久久不能平静。

1986年，我考取科大的博士生，师从钱临照先生和吴自勤先生。钱先生身为学术泰斗，但与我们小字辈相处十分谦和、耐心。既关心我们课题的进展情况，又经常和我们畅谈科学、历史与人生。他个子不高，带有无锡口音的普通话语调平缓，但与他交谈，能使你感受到一种大家的修养和风度、宽阔的胸怀和对祖国对科大的无限热爱，使晚辈获益匪浅。

80年代后期，校园内出国风甚烈，我也考了"托福"，并请钱先生给我写出国推荐信。当钱先生见我选择的并非美国名校时，就先和我谈起他早年留英的心得体会，又以位错理论的发现为例，欲出成就，必定要有信念，决不能随大流和人云亦云，最后才给我分析道："你现在从事有关分形的研究工作，在国际上也才起步，前景看好。你若中断学业而到美国的一般大学重

---

* 本文曾发表于1999年8月30日第412期的《中国科大报》上。

读硕士，很不值得！应该继续在国内完成博士论文，再争取到国外一流大学做博士后的研究工作。"这次谈话，打消了我到美国读学位的想法，决心在科大完成薄膜分形的博士论文。同时，我在国际著名刊物上发表了多篇论文，引起国际同行的重视，这一研究成果，还成为获得中科院1997年自然科学一等奖的主要依据之一。

钱先生虽年事已高，但对我们每个博士生的工作情况、个性特点都了如指掌，并因人而异，热情扶持。1995年，我从美国归来，参加国家杰出青年基金答辩。担任评委的梁敬魁院士反复提到六年前钱先生为我写的亲笔推荐信给他留下了强烈印象。我与梁先生并无直接交往，他曾任福建物构所所长，1989年，钱先生曾为我去福建物构所做博士后而给梁先生写了亲笔推荐信。后来，我到福构所时，梁先生已离任。令我感动的是，钱先生为一个学生写的推荐信，能使与我素未谋面的梁先生留下如此深刻的印象，足见钱先生对晚辈深怀爱慕之情。

1991年，我赴美工作，随着时间的推移，看到祖国的经济和科学正日新月异地飞速发展，渴望自己能尽快回国服务，但又颇有顾虑。1994年始，吴自勤老师不断来信介绍国内和科大的形势，希望我回国工作。年底正值美国复活节前后，我意外地收到钱先生的来信，语调仍是那么平和，他介绍了祖国对科教事业的重视、国家和科大对人才的渴求等，最后说他自己年事已高，虽逢盛世，但已力不从心，寄希望于我们这些年轻人尽早回国服务。凝视着钱先生工工整整书写的信，我十分感动，更坚定我回国的信心。

回国后，钱先生一直关心着我的工作。1997年年初，朱清时院士去拜访钱先生时，向钱先生介绍了开展激光控制单原子操纵和选键化学的思想。钱先生马上请我去，把朱先生给他的材料转交于我，希望我对这一新的研究方向加以重视，还再三嘱咐我要直接向朱先生请教。可以告慰钱先生的是，两年来，在朱清时校长的指导下，我和一些年轻人共同努力，在单原子、单分子研究领域中已获得一些高水平的研究成果。

作者简介

侯建国（1959.10—），2003 年当选为中国科学院院士，2004 年当选为第三世界科学院院士，科技部副部长。中国科学技术大学第八任校长。

文章薪火，永烛后学

——钱临照院士与科大的科学史研究[*]

石云里

钱先生少承家学，在文史方面打下了坚实的基础。抗战期间，他在昆明寄寓历史研究所，无意中读到先秦思想家墨子及其门人所著的《墨经》一书，发现其中有关几何学和物理学知识的条目很多。但由于文字艰深，古今诸家一直未能得出令人满意的诠释。是以作《释墨经中之光学、力学诸条》一文，站在现代物理学的高度，结合文字训诂，探隐发微，深刻地揭示了这些条目的物理学意义，令英国著名科学史家李约瑟惊叹不已。从此钱先生就与科学史研究结下了不解之缘。

中华人民共和国成立后，先生在科学史研究方面投入了相当的精力。尤其是1980年中国科学史学会成立时，他因众望所归被推举为首届理事长，为科学史的发展做了大量的组织领导工作。不仅如此，他还富有远见地把目光投向科学史教育事业的发展。80年代伊始，他与王竹溪共同担任国务院学位委员会第一届学科评议组物理组组长，率先争取在"物理学"一级学科之下设立了物理学史博士点，开创了我国自行培养科学史博士的历史。在他的积

---

* 本文曾发表于1999年8月30日第412期的《中国科大报》上。

极支持和直接参与下，科学技术大学很快成立了自然科学史研究室，开始招收自然科学史的硕士和博士研究生。他亲自担任该室第一届主任和研究生导师，从事科学史研究以及研究生的指导工作。自1981年至今，该研究室培养硕士和博士共计一百多人，还受国家教委委托开办过多期物理学史骨干教师进修班，为国家培养了大批科学史人才，成为国内著名的科学史人才培养基地和国际知名的科学史研究机构。

十几年来，先生一直像一面大旗一样感召和指引着这个研究室的全体师生。建室之初，教师奇缺。先生为了吸引人才，打破常规，先将一位老师的家属和三个孩子从小县城调入科大，然后再从北京调其本人。该老师入校后，先生得知其一时住房条件很差，便拄着拐杖亲自登门道歉，一句"委屈你们了"使一家人感到无比宽慰。他正是以这样的人格力量团结了当时一批年富力强的校内教师和校外兼职教授，使科学史研究室在短短几年内就成为一个蜚声海内外的科学史学术机构。

在学术上，先生更是身体力行，为该室开创了优良的学风。他一再强调，科大的自然科学史专业不应该贪大求全，而应该发展出自己的特色。他大力倡导实验方法在科学史研究中的应用，借助复原、模拟甚至现代检测手段对古代一些重要的科技发明创造进行实验研究，以弥补文献记载的不足。在这一思想的指导下，科学史研究室在中国古代漏刻、张衡的天文仪器与地动仪、唐代浑仪、泥活字印刷、特种印刷以及宋代的性激素提炼等科学史重大问题上进行了系列性的实验研究，取得了一批令国际同行叹服的可喜成果。先生所倡导的这种科学史研究方法不仅得到了学术界的普遍认同，还成为科大科学史研究室的一个显著特长，从而为该室的全体师生赢得了一个响亮的名号：Qian School。

在科学史教学上，先生认为，科大科学史研究室应该发挥身在高校的特长，把人才培养作为工作的重点。他经常教导年轻教师，自己成名成家是小事，应该把更多的精力放在教学上，要做到博而精，要能够拿出有自己特色的主导课程。当得知科学史研究室经过十多年的努力，已经形成了一套系统的科技史基础课教学体系以及相应的教师队伍时，他感到十分欣慰，并鼓励年轻教师，一定要把这个好传统继承下来，发扬光大。

先生对自己的学生要求非常严格，尤其是在发表成果这个环节上。他鼓励学生应该多发文章，常说，文章是自己的脸，要在学术界立足，一定要露出自己的脸让别人看。但是，文章出来了不要急于发表，应该先放一放，冷一冷，认真推敲，力求无所疏误，然后再拿出去。每当一些学生的学位论文要出书，来信向他求序时，他一方面为学生的成绩高兴，另一方面总会指出书稿中存在的问题和不足，要求学生加以改进。

对研究室毕业的博士研究生，先生也十分关心他们毕业后的进一步深造，以期为科学史事业培养后备力量。自 20 世纪 90 年代以来，他被香港王宽诚教育基金会特聘为推荐委员，负责向该会推荐出国留学人员。从此，他脑子里便有了一个计划，争取每年派出一位科学史专业的留学人员，并十分认真地付诸实施。1995—1999 年，他共向该会推荐了 4 名科大科学史研究室毕业的博士研究生，前往剑桥、哈佛和伯克利等世界著名学府的科学史专业进行深造。直到去世前的两个月，他还支撑着已经极度病弱的身体，为最后一名学生办好了推荐手续。

桃李无言，下自成蹊。1995 年 1 月在深圳召开的第 7 届国际中国科学技术史大会上，竟然有十多位科大科学史研究室的室友在会上不期而遇，成为会上十分令人瞩目的一群。欢聚之间，大家不约而同地想到了远在合肥的钱先生，向他发去热情洋溢的贺电，表达了对这位中国科技史事业的元老以及自己敬爱的师长的衷心祝愿。而当他去世的噩耗传来时，不少室友泣泪潸然，纷纷致电哀悼，有的还专程赶往合肥，为先生送上最后一程。

先生垂暮之年，由于经济大潮的冲击，学术研究一度出现不景气的现象，科大科学史研究室也在所难免地受到波及，感受到很大的压力。对此局面，先生每每为心有余而力不足而仰目兴叹。但还是不断勉励大家："坚持下去，就有希望。"就像一直牵挂着科大的振兴一样，他也一直企盼着中国的科学史事业和科大科学史专业的兴旺发达。1998年夏天，他的一位博士生受王宽诚基金会资助，即将前往哈佛大学科学史系进行博士后研究。临行前，先生嘱咐他要利用这个机会好好学习，但谈得最多的还是科学史事业和科学史研究室的前途问题。尽管他对前途还是充满乐观，却说自己也许看不到了。临别他突然问那位学生可记得陆游的《示儿》诗，然后就和他一起吟诵起来。当读到"家祭无忘告乃翁"时，他笑着把无名指点向自己的鼻尖，说："记住，家祭毋忘告此翁。"这看似玩笑的话语中实际透露了先生的达观与对科学史事业的殷切期望。

值得欣慰的是，对科大科学史专业，先生最终并没有带着对前途的担忧而离开人世。就在他去世前的几个月，在校领导的大力支持和直接参与下，科大联合中国科学院自然科学史研究所和中国社会科学院考古研究所，率先成立了科技史与科技考古系，并由朱清时校长亲任首届主任，著名历史学家李学勤任系学术委员会主席，著名科学史家、中国科学院院士席泽宗担任系名誉主任。先生仙游后一个月，该系举行了隆重的揭牌仪式。相信在先生英灵的护佑下，这个系将有一个辉煌的明天。

高山仰止，音容宛在。先生走了，但大家仍听得见他娓娓的话语，仍看得到他坐着轮椅去参加学生的论文答辩。先生的鞭策仍如明镜高悬，先生的勉励仍似长风载帆。先生的学术思想和道德文章将薪火相继，永烛后学。

作者简介

石云里（1964.10—），中国科学技术大学科技史与科技考古系主任、教授，中国科学史学会理事，《自然科学史研究》编委。

钱临照先生生平及其学术贡献[*]

胡升华

成长足迹

1906 年 8 月 28 日（农历 7 月 9 日），钱临照出生在无锡市鸿声镇。

钱临照的父亲名秉瓒，号伯圭，生于 1883 年，青少年时期曾入南洋公学肄业。辛亥革命前，钱伯圭即举家剪辫子，开风气之先。1908 年左右钱伯圭受聘来到与鸿声里接壤的荡口镇果育小学任体操教员，国学大师钱穆时在果育就读，他晚年曾著述盛赞"伯圭师"的民主进步思想和对东西文化的独到见解，并将自己毕生从事学问归之于他的启迪。钱临照也从父亲身上继承了民主思想和凡事独立思考，不随波逐流的个性。钱临照的母亲是荡口镇秀才华晓兰之女，名华开森。

钱临照自 6 岁始，在父亲办的鸿声小学就读。1915 年入荡口镇鸿模高等小学，越三年毕业。在鸿模高小时，钱临照已显露出坚实的国文基础，为文见解独到，深得教师赏识。他认为自己一生中曾受到过三位老师的重大影响，这三位老师中，除了严济慈之外，另两位都是他在鸿模高小就读时的老师，

---

* 本文选自《20世纪中国知名科学家学术成就概览·物理学卷》，该书于2014年由科学出版社出版。本文标题为本书编者所加。

他们是钱穆和刘天华。一位国学大师，一位音乐大师。钱临照高小毕业后曾延学一年从钱穆读曾国藩家书、家训，王阳明理学和唐宋文章。他与钱穆分住一所房子的里外屋，耳濡目染钱穆的治学和为人，心中景仰。钱穆的影响在钱临照今后的治学态度和做人准则上有明显的体现，比如治史重考据的态度，宽厚待人乃至交绝不出恶声的胸襟等。钱临照在鸿模高小还曾随刘天华学五线谱和小号演奏，虽然后来在音乐方面没有成绩，却从刘天华身上学到了刻苦勤奋，不畏艰难的意志。

1921 年钱临照考入大同书院。大同书院 1922 年改名为大同大学，分设大学科、专修科和普通科，普通科相当于 4 年制初中加 2 年高中。钱临照在普通科修习 4 年后进入大同大学物理系，成为胡刚复的学生。胡刚复 1909 年留美，1918 年以 X 射线的实验研究获哈佛大学哲学博士。他是将物理实验引入中国讲坛的第一人。钱临照踏入物理学殿堂甫始，便被胡刚复耳提面命注重物理实验，遂酿成信念，不仅一辈子身体力行，在理论上也多有阐发。

大同大学的物理教学有两个特色，其一即为注重实验，其二为注重基础。钱临照扎实的基本功得益于这种教育方针。1929 年钱临照从大同大学物理系毕业。

物理初推

1930 年，钱临照任东北大学物理系助教，但不久就发生了"九一八"事变，他不得已到了北平借宿严济慈家。严济慈 1927 年曾应恩师胡刚复之约，在大同大学短期兼课，与钱临照有师生之谊。此时严济慈已是二度赴法归来，刚刚创建国立北平研究院物理研究所并任所长。由于严济慈手下已有 4 个研究助理，钱临照难以启齿求助，为生计所迫，打算南下就任上海英工部局一家电话局技工职位，月薪颇高，有 160 大洋，足保衣食无忧。上火车前他打电话向严济慈辞行，得知严济慈可以为他谋得半薪助理的位子，月薪 40 元，钱临照痛快地回绝了英租界的差事，高兴地当了一个半薪助理，这一选择成为钱临照人生道路上的一个转折点，由此开始，他走上了职业物理学家的道路，成为中国的第一批物理学研究工作者中的一员。严济慈因此也被钱临照认为是对自己一生有重要影响的第三位老师。在国难当头，人人自危的时候，他把钱临照推上了一条充满希望的道路。

抗战前七八年中国物理学研究处于初级阶段，这一时期研究者完全根据自己的兴趣、身边的条件和已有的经验而展开，谈不上研究的系统性和规划性。当时的中央研究院物理所和北平研究院物理所并无明确的任务和一定的方向，研究的目的只是要使中国有"研究"，在中国可以进行"研究"。1931—1934 年，钱临照在严济慈的指导下，开展了两个方向上的工作，其一为压力对照相乳胶感光性能的影响的研究。他与严济慈合作于 1932 年在《法国科学院周刊》（Comptes Rendus）发表了第一篇论文，这不仅是我国国内研究成果发表在《法国科学院周刊》上的第一篇，也是国内研究成果在国外有影响的学术刊物上发表的较早的一篇。此后又陆续在此方面发表论文 3 篇。其二为水晶压电和扭电现象及其在无线电上的应用。他与严济慈一起系统地研究了实心和空心圆柱长短、半径大小与由扭力所产生的电量之间的关系，还研究了水晶扭电的反现象。有 7 篇论文分别发表在英国的《自然》（Nature）杂志、《法国科学院周刊》和《中国物理学报》上。1931—1934 年，中国学者平均每年发表物理学论文 44 篇，所以钱临照与严济慈在此期间发表的论文，占据了当时中国物理学研究成果的相当份额，他们在中国物理学研究从"无"到"有"的转变中起了非常重要的作用。

严济慈和钱临照在实验中还发现，将水晶圆柱放在无线电振荡器中，能产生共振，与压电水晶片无异，可用作温度系数为零的无线电稳频器，这项工作对于控制、检测无线电波频率，以及后来在抗战期间实际生产水晶振荡器提供了理论基础。

英伦驰骋

1934 年钱临照被录取为第二届中英庚款留学生。本届物理学科共取 3 名，其他二人为朱应铣、李国鼎。中英庚款留学在为中国造就基础学科学术人才方面收到了突出的效果。以物理学为例，由此途径留学而成为优秀物理学家的除了钱临照外，还有余瑞璜、张文裕、周长宁、翁文波、马仕俊、王大珩、彭桓武、郭永怀、钱伟长、傅承义、黄昆等。

1934 年秋，钱临照拿着严济慈的介绍信进入英国伦敦大学大学学院的 Foster 物理实验室，师从葡萄牙裔英国物理学家 E. N. da C. Andrade（1887—1971）进行实验物理研究。Andrade 是英国皇家学会的会员，是一个兴趣非常广泛的人，他的物理学研究主要集中在两个方面，一是金属的范性，二是流体的黏滞性，他在这两方面都曾发现过定理。此外，他对版本收藏和科学史研究也有浓厚的兴趣，是牛顿研究的行家，在诗歌方面也很有造诣，出版过诗集。他的志趣爱好与钱临照颇为相似。

初次与 Andrade 交谈，钱临照即申述愿多接触各种工作，以增进多种知识，钱临照想得很远：回国做科研的条件很差，只能有什么条件就做什么工作，不能按照设计好的专题去做，多尝试一些领域，就多一条研究道路。他在英国所完成的第一项工作是水晶圆柱体扭电现象的进一步深入研究，这是他在北平研究院物理所工作的继续。他从 W. Voigt 的压电普遍理论出发，推导出中空圆柱体在扭力作用下，内外表面产生的电荷的计算公式，纠正了前人公式的错误，按照他的推导，内外表面的电量并不等值，而是分别正比于内径平方和外径平方，并由此得到一个重要结果：中空水晶圆柱体在扭力作用下会产生体电荷。

此后，他又很快完成了 Andrade 指定的研究水注层流横截面上各点流速分布的工作。Andrade 原拟让他继续做一些流体力学研究，但钱临照的兴趣不在于此，他被金属强度问题所吸引，有志沿此方向进行一些探索。

金属的最基本的物理性质是其力学强度。20 世纪初，物理学家从理论上推算出金属的断裂强度约为 $1\,000\mathrm{kg/mm^2}$，比实际强度要大几百倍，其原因何在？1934 年发生的两件事，把钱临照导入了这一研究领域。该年秋他甫抵伦敦，巧遇国际理论物理与应用物理年会在伦敦与剑桥两地召开，固体强度问题是大会中心议题之一，该领域的很多重要人物提交了论文或参加了讨论，此情此景对初入世界学术庭院的钱临照不啻为一剂强烈的兴奋剂。另一件重要的事情是，G. I. Taylor、E. Orowan 和 M. Polanyi 三人在这同一年里分别在英国皇家学会会刊和德国物理月报上发表论文，不约而同地提出晶体缺陷的位错模型。他们的文章当时在固体物理学界并没有引起多大反应，但钱临照对这一理论深信不疑，他的敏锐的物理直觉帮助他做出了正确的判断，他也由此走上了固体微缺陷研究的道路。不幸的是，Andrade 对位错理论并不欣赏，Andrade 与 Taylor 私交虽然很好，但他们的学术观点却差异很大，这对钱临照的研究显然带来一定的障碍，可以说他在从事晶体缺陷研究的道路一开始就不平坦。

钱临照试图从范性形变入手，进而研究固体的力学强度。首先他注意到这样一个问题：人们对面心立方单晶体的滑移已经有相当的了解，知道其滑移方向一般是原子最密集方向，滑移面也是原子最密集的 (110) 面。但当时已发表的有关体心立方晶体滑移的研究结果却非常稀少，更让人不安的是，这些结果反映出尽管体心立方晶体的滑移方向一般还是原子最密集的（111）方向，但其滑移面并不固定，存在着 (110)、(112)、(123) 几种可能，似乎没有规律可循。这种状况吸引着钱临照去进行新的探索。他首先选用低熔点的钠、钾材料进行实验，他注意到在室温下（20℃，离钠、钾的熔点很近）钠、钾的滑移面为 (123)。在进行这一实验时，他已经意识到温度可能是影响滑移面选取的重要因素，但当时由于实验条件的限制，他无法把工作温度拓展到远离钠、钾熔点的低温区域，因此他改用高熔点的钨单晶继续实验（当时在该实验室中学习的另一位中国学生周如松也参加了这一工作），实验的温度区间为 20～1 000℃，结果发现在 20℃和 300℃时，滑移面为 (112)，在 1 000℃时为 (110)，第一次令人信服地证实了体心立方晶体滑移面选取的温度效应，文章发表在英国皇家学会会刊上。后来周如松又完成了钠单晶在 –82℃和 –185℃的滑移研究，得出钠单晶在这两个温度下滑移面分别为 (110) 和 (112)，这样体心立方晶体滑移面随温度变化的实验规律已经凸现出来。不久，安德雷德根据钱临照和周如松的实验结果总结出体心立方晶体滑移面选取的实验规律：令 $\theta=T/T_m$，其中，T 为工作温度，T_m 为金属试样的熔点，则 $\theta<0.24$ 时，滑移面为（112）；θ 为 0.26～0.5 时，滑移面为（110）；$\theta>0.8$ 时，滑移面为（123）。也即，滑移面间距随着晶体形变温度与晶体熔点温度之比的增加而加大。这是当时对体心立方晶体滑移面规律的最完整的总结。

钱临照认为关于体心立方晶体的滑移研究，是自己一生中最重要的科研工作。

1937 年春，Andrade 明示钱临照，可将水晶扭电、流体力学和立方晶体的范性形变三项工作总结起来，作为博士论文，申请答辩，但钱临照婉辞让拒绝了他的安排，其中缘由钱临照在自传手稿中有这样的陈述："和我同在这一实验室的有位印度学生，他比我早来，工作很好，三年期满，他自动提出申请答辩，不知何故被教授拒绝了。印度同学受此打击，以至伏在实验桌上哭泣。我认为这是欺侮殖民地人（那时英国人对殖民地人在有意无意中有此意识），那时我即意识到我国也处于半殖民地地位。此事触动了我的自尊心，我暗下决心，不拿殖民者的学位。"

1937 年 4 月，钱临照离开伦敦，赴欧洲大陆，拟在柏林从施密德（E. Schmid）继续进行晶体范性形变的研究工作。不久，"七七"事变发生，钱临照接到严济慈从法国打给他的电话，毅然中断研究计划，立即起身回国，投身抗日战争，与祖国人民共存亡。

上马击贼

抗战时期，北平研究院物理所搬迁到了昆明，工作重心也发生了很大的转变，完全转向了战时工作。全所人员受报效祖国的赤诚之心所驱使，自觉地以己之长为国家效劳，为抗战出力。具体地说，北平研究院物理所在昆明结合战时需要，主要开展了水晶振荡片的制造、应用光学和应用地球物理三项工作，钱临照是前两项工作的领导者和业务骨干。

抗战前，钱临照在北平研究院物理所工作时，经常需要自己磨玻璃装配光学仪器，初步掌握了磨制光学仪器的技术。在英国留学期间，"想到国难临头，一个物理学工作者应在应用技术方面也能学习一些东西"，他选择了应用光学，从磨玻璃，设计镜头入手。1935 年和 1936 年的暑假，他都是在著名的伦敦 Adam Hilger 光学工厂的磨玻璃机床边度过的，在这里学会了用泰格－曼林（Twyman-Green）干涉仪修补光学部件中缺陷的重要技术，这项技术在抗战中发挥了重要作用。

抗战中，钱临照主持北平研究院物理所的战时应用光学工作。接受教育部、军政部、资源委员会、中央水利实验处及滇缅公路工程局等机关委托，自行设计、制造了单鼻式和三鼻式显微镜、无线电稳频器、缩微胶片放大显映器、经纬仪、水准仪、望远镜透镜、读数放大镜、水平气泡等仪器和光学部件，为抗战做出了重要贡献。北平研究院物理所还举办了"光学仪器制造科短期职业训练班"，学员为中学毕业生，他们中一些人在新中国成立后成为几个大光学仪器厂的技术骨干。钱临照在为抗战服务的同时，也为新中国培养了一批光学仪器专家。

在上述战时工作之余，钱临照还在艰难困苦中进行了一些学术研究工作。他利用 Twyman-Green 干涉仪做了光谱精细结构的研究。Twyman-Green 干涉仪是 Adam Hilger 公司发明的，在光学部件的生产中用于光学系统的检测。Twyman-Green 干涉仪有多种用途，但用于光谱精细结构的研究则是钱临照的独创。这项工作很能够反映他的科研特色：以开阔的思路和巧妙的构思，最大限度地发挥现有仪器设备的功用，做有创意的工作。

在这期间的另一项重要工作是关于《墨经》的研究。钱临照用现代自然科学的观点对《墨经》的光学和力学成就进行了系统的发掘整理，校释了《墨经》光学 8 条、力学 5 条，使中华远古文明曾经发出的一片灿烂光辉得以再现，并引起了全世界同行的关注。这项研究开现代墨学研究之先河，被公认为中国科学史研究的经典之作。

抗战八年，钱临照以自己的胆识、聪明才智和广博的学识，特别是能站在高点环顾全局而发表有见地的见解的独特才能在中国物理学界赢得了良好的声誉，得到了吴有训、叶企孙、严济慈等中国物理学界一些领导人的赏识，并逐步迈进了中国物理学事业的领导层。1943 年他被选为中国物理学会常务理事兼秘书、《中国物理学报》主编，他与王竹溪一起努力克服困难，使因战争而中断的《中国物理学报》艰难复刊。

铺路先锋

1949 年 11 月中国科学院成立，以当时的中央研究院物理所和北平研究院物理所为基础在北京分设近代物理所和应用物理所，原机构设置撤销，钱临照成为应用物理所（中国科学院物理所的前身）的研究员。

钱临照留学回国后还长期进行着科研工作，这在他那一代物理学家中是很不寻常的，做到这一点非常不容易，需要有三个条件：①要有严济慈所一贯倡导的"一心一意作研究"的精神；②要有宽广的学术视野，从而能够洞察以现有简陋条件达到有意义的研究成果的途径；③要有自己动手创造实验设备条件作研究的才能。这三点是钱临照无论在战乱中还是在政治混乱中都能进行研究工作的保证。中国物理学界能做到这三点的学者是非常少的。

新中国成立后，钱临照因为上述所谓历史问题，而受到一定程度的冷遇，他没有被推上行政领导岗位，这可能有点埋没他的学术领导才能，但对围绕在他身边的年轻科研工作者来说，却是件好事，他平易近人的本性对年轻人有巨大的感召力，而他卓越的学术见解和开阔的研究视野以及饱满的工作热情，又让身边的年轻人受益良多。以他为中心，形成了新中国科研事业的一支先锋队，这支先锋队为新中国的一些科研领域做了重要的铺路工作。

让位错理论在中国扎根

前面提到，钱临照在英国留学期间，对新兴的位错理论进行了跟踪研究，他几乎阅读了这方面的所有重要文献，对其发展脉络有透彻的了解，在大多数学者对位错理论持否定或怀疑态度时，他已经是一个位错理论的坚定信仰者。他自觉肩负起把位错理论引入中国的使命。抗战后许多学术机关迁到昆明，中国物理学会定期在昆明举行学术讨论会，在 1939 年的一次会议上，钱临照介绍了 Taylor 的位错理论，引起了广泛的兴趣。这是位错理论在中国的首次介绍。新中国成立后，我国采取一边倒的政策，受苏联学术观点的影响，位错理论被高校和研究所拒之门外。虽然 1956 年 J. W. Menter 利用电子显微镜实际观测到了晶体上的位错结构，发现它与 Taylor 的模型完全一致，位错理论的反对声逐渐减弱，但在中国工作的苏联专家依然没有接受它。直至 1959 年，钱临照才冲破阻力，率先在中国科学院物理所内讲授和讨论这个理论，并联络冯端等人发起两次全国性的晶体缺陷和金属强度讨论会，他与合作者写了十万言的"晶体中的位错理论基础"，为位错理论在中国的建立和传播做出了最重要的贡献。

开拓中国电子显微学事业

我国的电子显微学研究工作起步较晚，新中国成立不久，钱临照曾在原国民党一个广播台的仓库里发现一台未开箱的英国 Metropolitan Veckers 公司造 M2/1M 型电镜，这台电镜是如何进口的迄今还是一个谜。钱临照在一无安装资料，二无工作经验的情况下，硬是让电镜运转起来，又一次展露了他与仪器打交道的高超技巧。钱临照与合作者利用这台电镜进行了铝单晶滑移带精细结构的观察，文章在 1956 年第一届泛太平洋地区电子显微学会议上报告后引起很大反响，各国代表对刚刚诞生的中华人民共和国能拿出如此高水平的电子显微镜工作感到非常惊奇，这是新中国第一篇向西方国家报告的学术论文。钱临照对铝单晶的滑移开展的系列研究，是我国国内学者首次将电镜技术用于研究固体物理和科学方面的问题，但在对这些工作进行理论解释时，他还不得不回避位错理论，依然采用苏联学者的滑移胚芽的观点，这足以充分说明他当时的尴尬处境和无奈心态。

钱临照曾受中国科学院的委托出国采购了一批科学仪器，包括为上海冶金研究所购置的透射电子显微镜。他认为中国这样一个大国，只靠进口仪器是无法满足要求的，需要自力更生。1956 年在制定我国 12 年科学技术远景发展规划时，他与王大珩、龚祖同等组成了仪器规划小组，制定了研制电子显微镜的规划。他几次主持国家级和科学院级的电子显微镜研制成果鉴定会，积极组织国产电子显微镜应用成果交流。1979 年他联络柯俊、郭可信发起成立中国电子显微镜学会，在 1980 年该学会的成立大会上，他被推选为第一任理事长，1982 年《电子显微学报》创刊，他任主编，为推动中国电子显微学事业的发展，提高我国电子显微学的水平，以及建立学术交流国际平台，发挥了重要作用。

1955 年钱临照当选为第一批中国科学院学部委员（现称院士）。

心系科大

1960 年，钱临照所在的中国科学院物理研究所金属物理实验室被并入沈阳金属所，钱临照则奉命调入中国科技大学任教。

1969 年年底为了贯彻中央有关"高校战备疏散"的指导方针，科大师生开始撤离北京，奔赴安徽，几经周折，最后在合肥扎根。钱临照心系科大，毅然把户口也迁到了合肥，成了科大的一面大旗。他在为科大谋求各方支持，组织骨干教师队伍，规划学科发展诸方面发挥了他人难以替代的作用。1978 年后，钱临照"带领师生在短期内创建了固体微结构研究室、电子显微镜实验室和高压实验室等。他还全力支持筹建科大天体物理中心，力主创建结构成分分析中心实验室"，这些实验室已发展成为在国内有相当影响的研究机构。钱临照对于课堂教学非常重视，他特别推崇严济慈《谈谈读书、教学和做科学研究》一文，文章提到"讲课是一种科学演说，教书是一门表演艺术"，这对教师有很高的要求，"必须自己知道的、理解的东西比你要讲的广得多、深得多"。为了提高科大的教学水平，他在注重提高科大自身教师素质的同时，还十分留意发掘全国各地的人才，不失时机地动员他们来科大工作。

科大出国人员比例一直很高，对于师生们出国深造，他是积极鼓励的。对于人才外流现象，他非常焦心，但他不愿意责怪那些滞留在国外的学者，而是强调我们自己要反省知识分子政策。他指出：对于那些没有回来的人，我们不能简单地说他们就不爱国，"同时我们也不能简单地说这些人就是为了物质享受"，"对于绝大多数中国知识分子来说，首要的是工作条件和环境，其次才是生活条件"。"中国的知识分子，一向以质朴、廉洁、勤奋、爱国而著称。只要解决了他们的后顾之忧，为他们提供了施展才华的气氛和条件，他们所释放出的活力将是无穷的。"钱临照去世后，科大不少中青年骨干教师不约而同地撰文，讲述了他们在国外时，钱临照每每去信，介绍国内、校内情况，关怀他们在国外的工作和生活，给予他们殷切期待，从而坚定了他们学成归来，报效祖国的信念。钱临照是在以自己一颗赤诚的心在与人才外流的顽疾进行着艰苦的较量。

党的十一届三中全会以后，我国加快经济建设的步伐，科学技术被提到了第一生产力的高度，受到了全社会的普遍关注。在国际国内政治环境、经济次序和科技形态都处在重大变革的时期，政府决策部门面临着诸如如何进行中国的科技发展布局、如何利用有限的资源条件求得最大的科技发展效益等很多难题。一批著名科学家在强烈的责任心驱使下，自觉为国分忧，贡献了许多良策，最著名的是 1986 年 3 月王淦昌、王大珩、杨嘉墀和陈芳允 4 位院士一起向中央提出跟踪世界战略性高科技发展的建言，由此促成了具有深远历史意义的"863"计划的制定。钱临照也积极参与了这种特定历史时期政府与著名科学家的独特的交流。1990 年 3 月 17 日，他与王大珩、师昌绪等 7

人联名提交了"关于发展我国计量测试科研与生产的建议书"。1994年，他联合王淦昌等34位院士向国家有关部门提出"关于集中精力全面建设、充分利用合肥国家同步辐射光源的建议"，等等，为国家决策部门提供了重要参考意见。

钱临照晚年为自然科学史学科的发展投入了很大精力，他的贡献有如下几个重要方面。

为学科基础建设做了重要工作

他积极参加中国科学技术史学会的筹建，1980年学会宣告成立，他当选为首任理事长，同年，中国科技大学自然科学史研究室在他的大力支持下宣告成立，近30年来，该研究室已培养科学史博士、硕士200名，成为科学史研究和教学的重镇，1999年，该研究室与科技考古实验室组成了科技史与科技考古系。1981—1985年，他和王竹溪同任国务院学位委员会第一届学科评议组物理组组长，争取到在一级学科"物理学"下设立物理学史博士点。在他和另外两位院士的认真推荐下，一位职业科学史家当选为中国科学院院士。可以说他为中国科学史学科的发展做了大量的基础工作，他在为科学史学科发展拓宽道路方面发挥的作用是几乎无人可以替代的。

提出了一些重要研究方向和研究课题

钱临照给予英国人李约瑟的中国科技史研究以高度评价，但并不认为它已经十分完美，他非常希望中国人自己也来对中国科技文明史做系统认真的研究。钱临照认为"科学史不只记载一些科学历史发展过程，而是要考察它的错综复杂关系"。他在"20世纪中国科技史学术讨论会"（北京，1987年9月15～19日）上提出了一个发人深省的问题："我们国家在半导体、激光和超导的研究都几乎与西方同时起步，现在，前两个方面我们落后了，第三个方面也有落后的趋势，为什么？""20世纪是物理的世纪，我们到底做了些什么？""科学史的任务不仅是要研究成功的方面，还要研究失败的方面。"钱临照的报告使与会代表受到强烈震撼，也推动了科学社会学和科技政策等相关方面的研究。

为中国近现代物理学史的研究做了重要的铺垫

20世纪80年代以后钱临照写下了大量回忆文章，如：《中国物理学会50年》《中国物理学会60年》，以及对胡刚复、叶企孙、吴有训、严济慈、谢玉铭、任之恭、陆学善、施汝为和张文裕等物理学家的纪念文字。钱临照不为应景之作，作为一个史学素养很高的中国现代物理学事业的见证人，他自觉地承担起历史赋予他的职责，为后人的研究提供可靠线索。更重要的是，他没有停留在史实上，而是通过史实讲述了中国知识分子的道德标准，弘扬了史家的正义。1982年他在《纪念物理学界的老前辈叶企孙先生》一文中，淋漓尽致地宣泄了这种正义，促进了叶企孙冤案的彻底平反。

钱临照是一个豁达、幽默、乐观的人，他走到哪里就把笑声带到哪里。他也很含蓄，非常注意把握分寸，很少当面与人争执，很少疾言厉色，让人难堪。然而他骨子里是非常固执的，拿定了主意，便不会轻易改变。他一生经历了很多风波，总不改学者本色。他曾手书清朝爱国将领林则徐的一幅对子挂在书房里："苟利国家生死以，岂因祸福避趋之"。他认为科学家要注重人品，"不能做墙头草，不能见风使舵"。

1999年7月26日钱临照在科大校医院病逝，享年93岁。最后的日子，他坚持在科大校园度过。

七、主要论著

Ny T Z，Tsien L C. 1932. Effect phtographique de la pression. Comptes

Rendus，194：1844.

Ny T Z， Tsien L C. 1933. L' Influence de la pression sur la sensibilite phtographique aux diverses radiations monochromatiques. Comptes Rendus，196：107.

Ny T Z， Tsien L C. 1934.Oscillations with hollow quartz cylinders cut along the optical axis. Nature，134：214.

Ny T Z， Tsien L C.1934. Pressure effect on photographic sensitivity. Chinese Journal of Physics，1(2)：66.

Gibbs R E， Tsien L C.1936. The production of piezoelectricity by torsion. Philosophical Magazine，7（21）：311.

Andrade E N da C， Tsien L C. 1937. The glide of single crystals of sodium and potassium. Proceedings of the Royal Society of London， A 912（163）：1.

Tsien L C， Chou Y S. 1937. The glide of single crystals of Molybdenum. Proceedings of the Royal Society of London， A 912（163）：19.

钱临照 . 1943. 释墨经中之光学、力学诸条 . 北平研究院李石曾先生六十岁纪念论文集 . 135–162.

Tsien L C. 1945. On the application of Hilger prism interferometer to the resolution of spectral lines. Chinese Journal of Physics，5(2).

Tsien L C， Chu H C. 1945. Harmonics in the forced vibration of piezoelectric quartz. Nature，156：424.

钱临照，何寿安 . 1955. 铝单晶滑移的电子显微镜观察（一）. 物理学报，11(3)：287–289.

钱临照，何寿安 .1955. 铝单晶滑移的电子显微镜观察（二）. 物理学报，11(3)：290–292.

钱临照，何寿安 .1956. 铝单晶滑移的电子显微镜观察（三）. 物理学报，12(6)：643–646.

钱临照，杨顺华 .1962. 晶体中位错理论的基础 . 见：固体物理理论学习报告会编 . 晶体缺陷和金属强度（上）. 北京：科学出版社：1–124.

钱临照 .1978. 西方历史上的宇宙理论评述 . 见：中国科学技术大学天体物理组编 . 西方宇宙理论评述 . 北京：科学出版社：4–55.

钱临照 .1982. 中国物理学会五十年 . 物理，11(8)：449–455.

钱临照 .1982. 纪念物理学界的老前辈叶企孙先生 . 物理，11(8)：466–469.

钱临照 .1984. 大学物理实验杂谈 . 物理实验，4(4)：147–150.

钱临照 .2001. 钱临照文集 . 合肥：安徽教育出版社 .

参 考 文 献

［1］鲁大龙 .1999. 钱临照与中国科技史 // 王渝生，赵慧芝 . 第七届国际中国科学史会议文集 . 郑州：郑州大学出版社：133–138.

［2］席泽宗 .2000. 钱临照先生对中国科学史事业的贡献 . 中国科技史料，21(2)：102–108.

［3］胡升华 .2000. 钱临照的生平及其学术贡献 . 自然辩证法通讯，22(6)：90–103.

［4］冯端 .2003. 追念钱临照先生——《钱临照文集》读后感 . 物理，32(2)：71–75.

［5］张志辉，孙洪庆，丁兆君 .2007. 钱临照先生年谱 . 中国科技史杂志，28(1)：60–74.

作者简介

胡升华（1961.05—），科学出版社编审，中国科学技术史学会常务理事，曾任中国物理学会科普委员会副主任。

钱临照先生年表[*]

钱志仁　　钱平凯

　　钱临照（1906—1999），中国当代科学界元老，著名的物理学家和科学史学家，在我国晶体范性形变理论、电子显微镜学和自然科学史等方面做出了开创性的贡献。同时，他也是一位杰出的教育家和科教事业的组织管理者，对中国科学教育事业做出了重要贡献。

　　1906年7月9日出生于江苏无锡鸿声里镇。

　　父名秉瓒(1883—1947)，字伯圭，晚年号逸庵。1900年入南洋公学（上海交通大学前身）读书。思想进步，投身辛亥革命，热心致力举办新学堂，在荡口襄助舅公华鸿模的果育学校。后在1906年，与族人一起在鸿声里创办鸿声小学，荡口走出四院士鸿声三院士，故誉称其院士之父。民国初年，钱伯圭任无锡县议会副议长。曾经营西药、船运、水利。

　　1912年，6岁。入读鸿声小学。

　　1915年，9岁。入读荡口鸿模高等小学。其间，曾随刘天华学习五线谱和小号演奏。

　　1918年，12岁。高小毕业，恰逢钱穆到鸿模高等小学任教，遵父命，留

---

[*]　本年表由钱志仁整理，钱平凯审阅。

校一年，师从钱穆。

1920 年，14 岁。入无锡荣氏公益工商中学学习工科。

1922 年，16 岁。入读上海大同学院中学部。

1925 年，19 岁。升入大同大学大学部，就读物理系。

1929 年，23 岁。毕业于大同大学。

1930 年，24 岁。上海三育中学任教，讲授物理和数学。8 月在东北大学物理系任助教。

1931 年，25 岁。任北平研究院物理研究所助理研究员。

1934 年，28 岁。考取第二届中英庚款留学生。留学英国伦敦大学学院，从事物理学研究。

1937 年，31 岁。伦敦大学学习期满，被授予"凯里·福斯特奖"。4 月，赴柏林深造。7 月，国内"七七"事变发生，立即返国奔赴抗日战场，受命独自奔赴已被日军占领的北平，冒险将北平研究院物理仪器运出北平，经天津转运往昆明。

1938 年，32 岁。到达昆明黑龙潭的北平研究院物理研究所，成为该所专任研究员。

1940 年，34 岁。在昆明参加中国国民党。

1941 年，35 岁。发明测量微小球面半径的技术。

1943 年，37 岁。被选为中国物理学会常务理事兼秘书。与英国学者李约瑟博士谈及中国科学史研究。

1944 年，38 岁。中国物理学学会举行第十二次年会，《物理学报》复刊出版。

1945 年，39 岁。到达北平，负责接收北平研究院旧址。为该所战后迁返北平做准备工作。

1946 年，40 岁。参与当时的中央研究院工作。在当时的中央大学兼职讲课。

1947 年，41 岁。被聘为当时的中央研究院物理研究所专任研究员，以专员身份参加在墨西哥举行的联合国教科文组织第二次大会。

1948 年，42 岁。结束在美国的工作回到中国。担任当时的中央研究院代理总干事。

1949 年，43 岁。2 月去台湾省视察"中央研究院"历史语言研究所和数学所的搬迁和安顿情况。

3 月，向朱家骅辞去"中央研究院"总干事一职，在上海迎接新中国成立。

1950 年，44 岁。任中国科学院应用物理所研究员。担任《物理学报》副主编。

1955 年，49 岁。中国科学院学部成立，与弟钱令希一同入选中国科学院首届学部委员。

1958 年，52 岁。中国科学技术大学成立，被邀兼职讲课。

1960 年，54 岁。调任中国科学技术大学技术物理系教授，兼任中国科学院物理所研究员。

1964 年，58 岁。当选为第三届全国人民代表大会代表。

1966 年，60 岁。"文化大革命"开始。被认为"有国民党特务嫌疑"而遭受多次抄家，并被隔离审查。

1970 年，64 岁。从北京到达中国科学技术大学的合肥新校址。

1972 年，66 岁。中国科学技术大学复课，他即登坛讲课。

1973 年，67 岁。出任中国人民对外友好协会安徽省分会理事。

1976 年，70 岁。1 月，周恩来总理逝世，参加悼念活动，登台发表悼词。

1977 年，71 岁，当选为第五届全国政协委员。又被推选为参加全国科学大会的特邀代表。

1978 年，72 岁。出席全国科学大会。当选中国物理学会常务理事。

12 月 12 日，担任中国科学技术大学副校长。

1979 年，73 岁。受聘为《中国大百科全书》物理学科分编委会副主任。

1980 年，74 岁。参加中国科学院赴日代表团出访日本进行学术交流。加入中国共产党。任中国科学技术大学"少年班研究小组"组长。担任中国人民对外友好协会安徽分会副会长。当选为中国科学技术史学会第一届理事长。当选为中国电子显微学会首届理事长。

1981 年，75 岁。担任安徽省高等教育学术委员会主任。任中国科学技术大学学位评定委员会主席。被聘为国务院学位委员会第一届学科评议组成员，任学科评议组物理组组长。被任命为中国科学技术大学学术委员会主任。当选为第六届全国人民政治协商会议委员。

1984 年，78 岁。任在北京举行的第三届国际中国科学史讨论会组织委员会主席。任《中国大百科全书》总编辑委员会委员。

1985 年，79 岁。被国家教委聘为全国中小学教材审定委员会顾问。"王宽诚教育基金会"在香港设立，钱临照被推选为考选委员会委员。

1986 年，80 岁。参加了在日本举行的第 11 届国际电子显微学会议。

1987 年，81 岁。担任中国物理学会物理奖基金委员会委员。受聘为"陈嘉庚奖"理事评委。

1989 年，83 岁。受聘为中国科学院固体物理研究所兼职研究员。

1990 年，84 岁。获国家教委颁发的"从事高校科技工作四十年荣誉证书"。

1991 年，85 岁。为表彰其为我国科学研究事业做出的突出贡献，国务院向他颁发了政府特殊津贴证书。

1992 年，86 岁。中国电子显微镜学会设立"钱临照奖"，奖励为发展中国电子显微学事业做出突出贡献的学者，每两年颁发一次。

1994 年，88 岁。出席在北京召开的中国科学技术史学会第五届代表大会，与柯俊、卢嘉锡同时被聘为中国科学技术史学会的名誉理事长。

1995 年，89 岁。与许良英合作主编《世界著名科学家传记：物理学》，由科学出版社出版。

1996 年，90 岁。中国科学技术大学举行庆祝钱临照院士九十华诞学术报告会。谢希德、葛庭燧、钱令希等十多位院士参加了报告会。

1998 年，92 岁。坐轮椅参加中国科学技术大学科学史专业博士论文答辩会，这是他最后一次参加学生论文答辩。

1999 年，93 岁。1 月 9 日，因病住进了安徽省立医院。7 月 26 日逝世。

2000 年，中国科学技术大学师生满怀敬意为钱临照塑制铜像，安放于校园郭沫若广场。

2001 年，由钱临照的同事和学生共同整理编辑的《钱临照文集》出版。

2006 年，中国科学技术大学师生隆重举办"钱临照先生九十华诞学术报告会"。

作者简介

钱志仁（1936.02—），原无锡市厚桥中学高级语文教师，无锡市吴文化研究会钱镠研究分会副秘书长。

钱平凯（1938.06—），钱临照之女，北京邮电大学教授。

第二篇　纪念钱令希先生

一本我永远读不完的书

——献给父亲钱令希院士的百年冥诞[*]

钱　唐

日月如梭，时光飞逝，亲爱的父亲离开我们已七个年头。我对父亲的怀念之情随着岁月消逝弥加增强。2016年7月16日，将是慈父的百年冥诞。父亲的照片挂在客厅里，显示在电脑屏幕上，我每天都有与父亲交流与对视的机会。他的目光鞭策我像他一样走前面的路，他留下的宝贵精神遗产让我受用不尽。

在我的记忆里，父亲话语少，总是抓紧时间工作。他疼爱我，对我要求严格却不失温和。作为大忙人，他对我自然是身教多于言传，使我在耳濡目染中健康成长。他和母亲把人文精神和道德修养都体现在他们日常的言行中，这恰恰是现代人容易丢失的财富。他们让我懂得做事先做人，做人要自尊、自律、

---

* 本文为钱唐献给父亲逝世周年祭（2010年3月）和诞辰百年祭（2016年3月）而写成的。

自强。

在"文革"的非常年代里，作为老三届高中生，我是大连市第一批下乡知青。1968年10月18日，万人聚集在大连火车站广场为第一批知青送行，而我左顾右盼没有盼到父亲。直到落户辽宁北票县黑城子公社之后，我才从父亲来信中得知，他希望我自己坚强地迈出这一步。

在农村，每隔一周我都能收到父母的来信。在艰苦的日子里，父母的话语无时无刻不在伴随着我。由于父母有意培养我吃苦耐劳与自立自学的能力，我果真很快地适应这种没自来水、没电、每天都要干十个小时以上重体力活的日子了。父亲督促我劳动之余一定要坚持自学，说将来建设国家还是需要科学技术的。他托青年点同学给我捎来一台用电池的收音机和几本书，给我创造条件学文化。高考恢复后的1979年，我直接考上了大连工学院的数学系硕士生班。我看到在我们班上的四位同学中有两位是老北大的，一位是老大工的，一位是清华的。他们基础扎实又聪明刻苦。我付出了双倍的努力才与同学们一起完成学业，获得了我人生中的第一个学位。我体会到学习中的苦与乐。父亲说苦是努力，乐是结果，没有苦哪有乐？

1982年毕业后，我当了讲师，深感基础差，于是萌生出国继续深造的念头。1985年"洋插队"我到了美国。父亲提醒我在美国会有更多的困难和考验等着我。没的说，我还得勤奋，学习的道路上没有捷径。父母写越洋书信鼓励我，校正我，使我能踏踏实实提前完成学业，顺利地就职于美国一流的电脑软件公司。

在我刚开始工作的美国IBM公司里，几乎没有黄皮肤、黑头发的中国人，为此我感到非常茫然。父亲在信里说，中国文化博大精深，而西方崇尚文明民主，尊重人格和个性。中西文化各有所长，要主动和同事用英语交流请教，不要自卑，学会在中西文化交错中，发挥自己的潜能，取得成绩。父亲循循善诱，精辟到位，不断点拨我，我很快融入西方环境。我感恩父母的养育。

他们的鸿雁书信是我信步风雨的力量来源。不仅父亲科教人生上的成就激励着我，他青少年励志进取的奋斗经历也给了我精神上的力量。

父亲 9 岁时即离家到梅村高小住读，11 岁时只身到草桥苏州中学求学。他攻克一个又一个生活关和学习关，12 岁时在伯父的指导下跳过初中考入了上海中法国立工学院的高中部。从此，励志一生，脚踏实地走上了科学救国之路。

新中国刚成立不久，大连工学院老院长屈伯川博士到浙江大学"三顾茅庐"，邀请父亲任教。大工急需师资，但是生活与工作条件比浙大差很多。父亲让妈妈带着我和哥哥先到大连，家属先行，不给自己留后路。他给学生上完课就来到了大连。从 1952 年起，父亲就把他的全部生命和智慧奉献给了第二故乡大连。

半个多世纪来，他率领了科研团队攀登科研的高峰，脚踏实地攻克一项又一项的科研难题。其中的核潜艇工程是一项重要的国防尖端项目。"文革"初期，核潜艇研制完全陷入了瘫痪。为此，"09 工程"（即核潜艇工程）办公室主任陈佑铭来大连，传达了周总理点名父亲参加这项工程的指示。记得一个寒冷的冬天，收到父亲的来信，我向生产队请了假，坐火车到了葫芦岛，亲眼看到父亲带领团队夜以继日、呕心沥血地工作。父亲不仅解决了技术难题，而且还和团队研究计算出了我国第一代核潜艇关键技术数据，完成了潜艇结构的强度计算规则。此成果后来被纳入国家设计规范，以这些成果写成的一篇题为《潜水耐压的锥挂结合壳的强度和稳定性》的学术论文，也获得了国家自然科学奖。父亲在后来被批斗时也想方设法保护核潜艇的机密资料。凝结着无数人的智慧和汗水的第一代核潜艇在 1981 年 4 月 30 日那天成功下水。

科学是属于全世界的。正是有这样的远见，父亲瞄准世界的高峰，才开拓了计算力学这门新学科。他非常重视人才梯队的培养。他自己就是一架梯子，要让后生踩在他的肩上登攀！对优秀人才不遗余力地奖掖，即使冒着巨大的风险。再忙再累也抽时间与年轻学者他们谈话，给他们答疑解难、指点迷津、看稿子、推荐发表。他最高兴看到的是自己的学生超过自己。他会由衷地说："他行，走的路子比我宽。"父亲不谈自己的荣誉、成就、学问。他谈的是自己如何从失败、挫折中走出来。我们可以从他的朴实无华的《钱令希自述》一文领略他的为人风格。一次我听说他主动放弃申请国家一项大奖的机会。父亲认为这次放弃对科学事业有好处，对别人也有帮助。父亲引用了一句名言"功被天下，守之以让"，让我学习古人的做人哲学。我暗自大悟："凡事都可行，但不都造就人。"

1996 年冬，我陪 80 岁的父亲看望 90 岁的伯父钱临照院士。临行前，他强调这是私人自费访问，不要打扰相关单位，更不要浪费相关人员的时间。父亲特别嘱咐我堂哥不要惊动中国科技大学领导。在合肥，父亲陪伴在伯父左右，嘘寒问暖，关心兄长的健康和起居饮食，帮助他排忧解难。接着，我们去江苏访问苏州中学和故里鸿声。归程去宁探望了南京工学院的钱钟韩院士，原浙大佘坤珊教授的夫人和子女。父亲告诉我说，佘伯伯一家在杭州时对我们家非常照顾。这一路是悄悄地去，悄悄地回。正值冬天，南方室内又没有暖气。一路辛苦，阻挡不住父亲的脚步。一路风尘，我目睹父亲为他人着想、珍惜友情、知恩图报、敬老恤寡。还记得 2005 年他的第一个重孙女出生，父亲欣然为其起名珠珠。他告诉身边的人，他要孙子记住曾经帮助过自己留学美国的两位"朱"姓老师。

1999 年夏天，我们把父亲请到了在亚特兰大的家里，利用我调换工作的空隙全天陪同照顾他。父亲对我们说，人生要有追求，但不要追求回报、虚荣、享受。你们要做个能实实在在为社会做些事情的人。他教导在大学念书的外孙彬彬要培养自学能力，学习不仅是在课堂上，更是在工作中。要融会贯通，用知识解决问题，懂得做人做事的道理。父亲的教诲提升了彬彬的学习境界。得知彬彬在学法语，父亲就用法语考他。祖孙二人你一言他一句，好不热闹。外孙没有辜负外公的期望，在工作中刻苦钻研，不断创新，承担挑战性的课题，多次受奖，其中有 2001 年 "Founders Award"。

那年，父亲年高 83 岁，可还抓紧每一个机会，对美国的大学和社会进行深入的考察。在我先生和佐治亚理工大学的另一位环保科学家陪同下，驱车一百多英里（1 英里 = 1609.344 米——编者注）考察一项城市垃圾处理的环保工程。他要我搜集有关环保材料，翻译整理成中文，送大连市和有关科研部门。父亲对养老事业十分关心。在美国期间，他特意让我领着他走访不同类型的养老院，详细地了解老人生活医保福利等方面。在养老院里，他看到老人花几美元就能吃上一顿丰盛的饭菜，积蓄不多的老人享受到房租优惠和医疗救治。回到大连，他把自己看到和听到的讲给大连市领导听，倡导建立养老院。在美国短短的几个月里，还借助电话和传真同一位博士后沟通，做"北良国家储备粮库筒仓结构"的课题研究。在国外探亲，父亲也是心系国家，牵挂事业。

2004 年 4 月，父亲被确诊患有脑瘤。当年 9 月，米寿之龄的父亲再次专程去老家。父亲说："离开故里七十七载，此行了却思乡之情。"在如歌似梦的家乡，由镇政府同志和宗亲陪同，父亲带我们瞻仰泰伯庙、泰伯墓、钱氏祠堂、梁孟祠，参观了吴文化公园和梅村镇、梅村中学和梅村小学，看望了宗亲。父亲把收藏四十多年的钱俊瑞的虞美人《无锡太湖之滨》词作赠给家乡鸿声，让这份珍贵的佳品归于故里。父亲说，是鸿声的一方水土养育了我们，我们的根就在鸿声。父亲的爱乡之情是一种浸蕴到骨子里的情结，深深感染着我，也镌刻在我的心上。父亲在 2002 年为全国钱氏后裔恭录的《钱氏家训》已展示在怀海义庄的怀海堂里。

父亲退居二线后，刻苦学习汉语拼音和电脑中文打字，勤奋习练书法，修身养性，笔耕不辍。他的字笔力秀润，整齐悦目，神清气足，独具风格。他抄写了很多古诗，也创作了不少催人向上的诗句。耄耋之年，焕发生命的能量，每有所作皆臻佳境，随后便为人珍藏。

1978 年，科学的春天来到了。在参加全国科学大会期间，父亲写下自勉诗句：

献身科教效春蚕，

岂容华发待流年。

翘首中华崛起日，

更喜英才满人间。

父亲的人生道路和学术成就包含了说不尽的艰辛，但他乐在其中。正如他题写的"四乐箴言"。

> 工作奉献求乐，
>
> 处事助人为乐，
>
> 生活知足常乐，
>
> 休闲自得其乐。

2005 年 5 月 30 日，学生顾元宪教授英年早逝。我目睹父亲强忍悲痛挥泪题词，祭奠悼念：

> 承前启后，后来居上，荣为全国劳动模范，
>
> 冲锋陷阵，创新立业，尊称一代领军人物。

这是父亲最后的墨宝。他晚年留下了很多墨宝，表现了对事业的执着，对未来美好生活的憧憬，对学生、同事和家人的关爱。

父亲母亲第一次相见就都对对方情有独钟。之后，他们互亲互爱、相知相守，过着平实而简单的日子，即使在物欲横流的喧腾中，他们依然持守简朴、诚实、踏实、勤勉和起初的理想。父亲是我们家的主心骨，但母亲勤俭持家，相夫教子，默默无闻支持父亲为事业拼搏。这让我想到关于才德的妇人那段箴言："她丈夫心里倚靠她，必不缺少利益；她一生使丈夫有益无损。"在 63 年的相濡以沫中，他们交替地照顾对方。母亲晚年有病，父亲无微不至地照顾母亲的起居，事无巨细地观察母亲的病情。当母亲因糖尿病综合征而脚趾溃烂时，父亲心急如焚，想尽办法。他发现用氧气吹溃烂处能有效防止病情恶化后，就亲自每天数次为母亲吹脚，母亲的脚奇迹般地保住了。

数年后母亲因病与世长辞。父亲一度极其悲痛，病情逐渐加重。我听从父亲的呼唤，在 2005 年年初辞去了在美国 Choice Point 的工作回来陪伴父亲，不让自己留下"子欲孝而亲不在"的遗憾。父亲在众人的帮助下，从悲伤中走出，坦然面对病魔，对我说："最终的日子迟早要到来，我会随遇而安。

你来到身边，我就非常开心。我会把能做的事做好，每天都要过得好，我相信我离那一天还很遥远。"听了父亲的话，我默默无语，心在剧烈地颤抖。

可病重的父亲乐观、豁达、幽默、思维清晰，依然为他人着想，依然不向学校、医院提出个人的要求，依然信任、配合每一位照顾他的人。有一位护工半夜睡得太熟，父亲起夜，就没有叫醒她。其实他的左半边肢体已不听支配了。他跌倒在地上，头被病床撞伤。护工吓坏得不知如何是好，父亲反而安慰她说没关系。医生跑来处理伤口，并询问，父亲说是自己不好，就好像什么事都没有发生一样。

他对人真诚体恤，表里一致，宽容不抱怨，别人误解他，他从不解释，处处为别人着想。我的性子急，还没露头，父亲就会幽默地说："Being patient is a great virtue（耐心／容忍是一种伟大的美德）。"我会心一笑，顿时心平气和。恒忍宽容是良药。父亲耐心而毫无偏见地宽容与自己的观点不同的人，成就了自己的力学事业，实现了自己的人生价值。父亲也许天生就具有亲和力，学生朋友都愿把自己的心事向他诉说。父亲给人的关怀与帮助恰如春雨润物。没有人不称赞他是一位真诚、慈祥、令人尊重的老人家。他走了，还有那么多的人念叨他、怀念他。

父亲健在时，每天晚上在家静静地看书，或者伏案工作，睡得很晚。记得小时候，他习惯走到我的床边，用右手轻轻抚摸我的头。我每次回国省亲都会给父亲剪指甲、按摩腿，父亲还是习惯地抚摸我的头。后来在父亲病床边，我会把我的头侧依在父亲的身旁，他依然用他的右手抚摸我的头。我默默地感受来自父亲那深深的爱。这一时刻，就父女之情，任何语言都是多余的。

父亲从来都不许大家祝寿庆诞，唯一的一次是在他的九十寿辰，弟子们盛情地举办了别开生面的学术报告会，出版了《力学与工程应用》论文集。亲爱的爸爸，您自己就是一本充满爱和智慧的书，是一本我永远永远读不完的书。翻开这本书，我看到您不论是作为所谓"被改造的知识分子"，还是被打倒的"资产阶级反动学术权威"，乃至被誉为著名的力学家和教育家，您都躬身力行钱氏祖训去实现自己少年时科学救国的理想。您为国家为人民为事业燃烧自己直到生命的落幕。身体归入尘土，但您特有的精神气息连同您的美善却愈远而弥存。

作者简介

钱唐（1948.08—），钱令希之女，在美国著名企业的 IT 部门任职。

师恩似海永难忘 *

潘家铮

　　今年是钱令希老师 90 华诞，大连理工大学筹备出版庆贺文集，作为老师亲手栽培的一名弟子，历历往事，齐涌心头，想写篇短文，竟不知从何下笔——就说说读大学那段时间吧。

　　我的四年大学生活，是在中国命运发生天翻地覆的变化时度过的。我在 1946 年暑假考取了浙江大学，当时学校正在复原，新生拖到年底才报到。入学后就发生抗议美军暴行学潮，提早放假结束。第二年是学运高潮期，罢课时间多于上课。第三年从护校应变到迎来新中国成立。第四年我响应号召，参加了解放舟山的战斗。这样，能静心学习的机会是不多了。尽管如此，浙大严谨求实的校风和师长们的言传身教，不仅使我打下了坚实基础，而且学到了做人的道理，一生受惠无穷。当时担任系主任的钱老师对我的影响尤其巨大，没有老师就不可能有我以后的一切。

　　印象最深的就是老师那种以启发学生思考为主的教学方式。我自童年读百家姓开始到小学、中学，无日不在"先生满堂灌输、学生死记硬背"中度过，已经把这种模式认为天经地义。听了老师的课真有耳目一新的感受。老师开的

---

* 本文原载于林家浩主编的《力学与工程应用：庆贺钱令希院士九十寿辰》，2006 年由大连理工大学出版社出版。

是高等结构学，他在讲了枯燥和深奥的"柱比法"（一种分析拱结构的方法）后，话题一转："外国人的钢筋混凝土拱都是整体结构，不让开裂的，而中国人在几千年前就能用一块块的石头砌成一道拱，同样能承受极大的荷载，秘密在哪里？"还指示我们想一想"中国拱"上面回填的土和石起了什么作用？甚至指出大的石拱桥拱洞两侧常镶有一副石刻对联，可能起什么作用？他提醒我们：大自然会将一条悬挂的链索形成一条"悬链线"，使之处处受拉，如果翻个身就是处处受压的拱，等等。一番话引得我遐思绵绵，而且悟出一个道理：一个不连续、柔软的结构，给它一些条件，会起到和刚性结构一样的作用，甚至更好！

老师讲理论从不脱离实际，实际上他是位创新意识极强的大工程师。他在修复浙赣铁路时，由于缺乏钢材就无前例地用木材建了座铁路大桥，用"钢圈接木器"解决木结构结点不能受拉的致命伤。他要引入一种新思路时总从身边的事谈起。譬如说，六角形蜂巢的底部由三块菱形片封底，菱形都有个固定的角度，蜜蜂为什么这么做？是否想用最少的材料得到最大的空间？又指出，人和动物的骨骼是中空的，为什么？空洞和骨壁厚度应该是个什么比最合适？以此把"优化"的概念引给我们。

钱老师打破了"先生讲、学生听"的模式，他让学生们上台讲自己的读书心得和研究成果，由大家评论。我还记得第一个上台的是胡海昌，讲了他创立的分析桁架的"通路法"。浙江大学的考试是出名的多而严，在考结构学时，同学们深以要硬记许多公式为苦，让我设计了一张卡片，把繁复的公式和解法都录在上面，并推我们几个人去老师家串门游说，让他允许我们把卡片带去应考。这简直有些"开卷考试"的味道，我生怕老师不会同意，就说卡片上只写了少数公式。老师听后欣然同意，显然他认为让学生减少些死记硬背，把精力放在思考问题上更为有益。当他看了那张卡片后不禁呵呵大笑说："你们把所有公式都写上去了嘛。"当他得知这卡片是我设计的，又意味深长地说："实际上，最得益的是潘家铮，他倒用不着带卡片了！"

那时，还缺乏中文的超静定结构教材，只有几本英文参考书。老师计划自编一本讲义，他破天荒地让胡海昌和我把那几本英文书读完后拟出讲义的初稿来。这当然不是认为我们有资格写，而是要看看学生们在学习这门课时难点是什么，想的是什么，这种做法在学校里都是少见的，对我来说真是受惠终生。从老师学，所得的不是以听了几小时的课，读了几本书所能衡量的，真是春风化雨，润物无声。遗憾的是，时间已过去近60年，至今许多学校里还在盛行填鸭式教育。我想，人们称钱老师为科学家、工程学家外，并称之为教育家是有深意的。

至于钱老师对学生的关心，更是达到无微不至的程度。对我来说，连生活也管到了。我考入大学后，父亲暴亡，母亲重病，哥哥和姨母患精神病，二年级时又因代人补考被学校处以留校察看重罚，剥夺公费和工读权利，经济上陷入绝境，已打算休学去当教师了。这些事情我从未透露给老师，他从旁知道后，从微薄的薪资中挤出钱来资助我，让我完成了学业。毕业后介绍我走上水电建设之路，还继续借款帮我渡过难关。多少年后我把这些事告诉妻子时，她不禁泪如雨下，可见感人之深。

老师对我恩深似海，可惜在1952年后就天南地北，很少有见面和再受教益的机会了。甚至老师健康欠佳、师母仙去，我都不能前往省视慰问，愧疚万分。我只能从心底里说一句：祝老师幸福健康，松柏常青。

作者简介

潘家铮（1927.11—2012.07），1980年当选为中国科学院院士，1990年当选为中国工程院院士，水利水电工程专家，土木工程学家，科幻作家。曾任能源部水电总工程师。1993年后，历任长江三峡总公司技术委员会主任、中国工程院副院长、国家电力公司顾问、国家电网公司高级顾问等职。

钱令希与刘恢先两位先生的真挚情谊

王前信

抗日战争期间，大批有志青年辗转来到大西南，为工程建设服务，为教育事业服务。在这些青年之中有两位，一位自欧洲返国，他叫钱令希，我们的钱老师；另一位自美国返国，他叫刘恢先，我们的刘老师。

他们所学都是土木工程专业，一段时间同在云南铁路部门做设计，又一段时间同在西迁贵州遵义的浙江大学教书。他们志趣相近，意气相投，成为十分亲密知心的好朋友。

抗战胜利后，钱老师回到杭州，在浙江大学教书；刘老师再次赴美考察，回国后，在清华大学教书。他们都讲授结构力学，南北呼应。

不久，钱老师北上大连，在大连工学院任教并主持科研；刘老师北上哈尔滨，在中国科学院土木建筑研究所（后改为工程力学研究所）做科研并主持所务。继续南北呼应。

约在1954年，一次我随刘老师在哈尔滨参观苏联援建的电表仪器厂工地，猛然发现刘老师身旁出现了一位学者风度的中年陌生客人。刘老师介绍，他就是我们仰慕多年的钱令希教授。这是我第一次见到钱老师。

中国科学院制定科研规划，两位老师都来北京参加相关会议。他们在宾馆里"自由组合"，住在同一房间里，常促膝谈心到深夜。

我研究生在学期间，课程考试（多次）、读书报告、论文答辩分别在大连和哈尔滨两地举行，二位老师常聚会商谈。

20 世纪 60 年代初，刘老师健康状况不太好，领导安排他疗养。他选定疗养地在大连。这时，两位老师又常聚会。

"文革"期间，两位老师都因"学术权威"身份受到了一些冲击。"文革"后期钱老师解放了，他小心地写信给我，在附言中问一句"刘恢先现在怎样？"我复信说："他现在和革命群众在一起。"钱老师放心了，与刘老师恢复了联系。

刘老师在重病中庆祝 80 大寿，钱老师亲赴哈尔滨祝贺，并为纪念文集著文、题词。刘老师于 1992 年病逝，钱老师因挚友离去而万分悲痛。此后他常常在言谈中怀念刘老师及他的亲人。

作者简介

王前信（1929.07—），中国地震局工程力学研究所研究员。黑龙江恢先地震工程学基金会名誉理事。

回忆我调来大连之前后 [*]

钟万勰

钱先生致力于教学科研六十余载，桃李满天下。正可谓十年树木，百年树人；桃李不言，下自成蹊。

早在 50 多年前，当他在浙江大学当土木系主任时，就慧眼独具，在学生中发现了胡海昌和潘家铮两位英才并刻意加以培育。现在他们已都成为蜚声海内外力学界和工程界的权威人物。中央电视台经济频道今年 6 月 3 日播出的"对话"节目，就是由中国工程院副院长潘家铮作为三峡工程验收组组长主持评论的。这项千年大计、令举世震动的优质工程以其巨大的成功大长了我国人民的志气；潘总在其中也是功不可没。而胡海昌院士在五十年前提出的三类变量变分原理（国际上称为"胡－鹫津原理"）奠定了力学界一项很重要的基本原理，胡氏亦早已成为国际力学界举足轻重的大师级人物。钱老和他的这两位高足半个多世纪以来一直在我心目中占据着十分崇高的地位。

我自 1954 年从同济大学毕业后，起先在中国科学院力学所工作，迭受钱学森、钱伟长、胡海昌等多位大师的指点关照，至今心存感激。奈何时运不

---

[*] 本文原载于林家浩主编的《力学与工程应用：庆贺钱令希院士九十寿辰》，2006年由大连理工大学出版社出版。

济，自"反右"之后就日益感到难以在科学院继续立足。正在彷徨无助之际，钱令希先生对我伸出了热情的手，使我如沐甘霖，人生轨迹自此发生了重大的变化。那是1962年，周恩来总理主持召开了广州会议，由陈毅副总理给知识分子"脱帽加冕"。此后一段时间气氛相对比较宽松（但这在"文革"中却被"四人帮"污蔑为"右倾回潮"时期）。承蒙胡海昌先生鼎力推荐，使钱令希先生对我青睐有加。当年春天在北京召开全国政协大会之时，我父亲钟兆琳先生指引我拜见了钱令希先生，并且教诲我："钱令希先生求贤若渴，你就去他那里吧！他请你去，会对你加以深造培养的。"于是我就下了前去大连的决心。

　　1962年9月的一天清晨，从北京开出的火车到了大连。空气如此清新，真是个难以忘怀的时刻，钱先生竟然一大早就亲自到车站来接我了。他已为我在大连的新生活安排好了一切。由于他的器重、关怀，以及他在社会上和学校中的崇高声望，我在大连的日子比起在北京时好过得多了，工作、学习都感到格外神清气爽。他非常信任我，将本来由他主教的结构力学课程交给了我，要我充分发挥作用。尤其是，钱先生亲自制定了本校的工程力学要抓极限分析、应力集中的方向。因我长作"太空人"，孤身在大连，故得以和钱先生日夕相处，几乎每个周日都是钱家的客人。并使我有幸经常聆听钱先生关于教学科研的教诲，受益良多。而每当讲到搞科研做学问时，钱先生总是那么兴致勃勃、眉飞色舞，也使我深受感染，更平添几分追求上进之心。由于方向明确、环境宽松，我获得了自参加工作以来发挥才能的最好机会。多年的积累也使我很快地进入了角色。当时发表于《力学学报》和《中国科学》的《极限分析一般变分原理》论文在力学界影响颇大，就是在这种宽松条件下我和钱先生密切合作的成果。这段美好的时光承载了在那个历史时期难得的小康局面；时间虽然短暂，却促成了我人生的重要转折，令我终生难忘。

1963 年，大连工学院（以下简称大工）主办了塑性力学与极限分析学术会议。期间，钱先生曾表示欢迎北京大学与中国科技大学的毕业生到大连来。王仁先生与胡海昌先生分别推荐了他们的学生程耿东与林家浩，说他们无非有些家庭出身或社会关系之类问题。我还记得钱先生当时兴高采烈、喜笑颜开地讲"别人不要，我们要！"的情景。其实，我又何尝不是由于钱老的这种不惧压力，非同一般的胆识才得以来到大连的呢？"文革"结束后，我校成立了工程力学研究所，屈伯川院长莅临讲话并亲自任命钱先生为所长。于是，钱老再次着手将昔日的一些得意弟子如隋允康、李兴斯、杨名生等从全国各地不能展其所长的环境中一一调回大工并委以重任，从而逐渐建成了一支有影响的学术阶梯队伍。这再次体现了他一贯的高瞻远瞩、人才为本的胸怀。正是这种过人的气魄，奠基了大工力学系接近半个世纪的繁荣；大工的力学队伍长期以来相对比较整齐，令国内同行所称道，可知其中饱含了钱老多少苦心啊！

由于国家发展战略的要求，又基于钱先生的崇高信誉和扎实作风，大工在 1965 年前后正式承接了潜艇耐压壳的研究任务。其中也有耐压壳的特种形式要研究。钱先生特别郑重地传达了任务，并成立了理论与实验两个研究组。钱老指派我担任理论组的组长，并且指示要用变分直接法进行探讨。沿着该方向开展理论分析，我很快就找到了壳体失稳的不利形式；实验组也验证了该理论结果。当时我们的办公室在二楼，而钱先生的办公室在三楼。在我获得该成果的那一天，我兴奋地两步并作一步赶上楼去向钱先生汇报。钱先生也非常高兴，连说："交卷了，交卷了！"循科研惯例，我们写出了研究报告并由同事借助手编程序在一台真空管式电子计算机上算出了数值结果。当时已到了 1966 年，很快就开始了"文化大革命"，各级领导忽然在短期内纷纷倒台。在一片"造反有理"的声浪中，我们也被搞得晕头转向，甚至于屡受冲击，无法继续工作。有道是"天生丽质难自弃"。很快，钱先生和我不管外面吵闹，顶住压力，又不约而同地来到办公室继续将成果尽我们的可能初步整理了出来。不久之后，实因情势所迫而无法为继，只得循"识时务者为俊杰"之古训，钱先生主动到校旁庙岭生产队去"接受贫下中农的再教育"；而我则在"牛棚"被审查教育一通，再被安排到锅炉房去"零距离体验热力学"了。就这样，工作被迫停顿两三年后，钱先生才又找到了机会重新组织队伍、成立工作组，继续未竟之研究，并最终编制出我国自主的潜艇规范，为国防建设做出了重要贡献；后来还获得了国家级奖励。这些研究成果是十多年后方才写出论文来的。当时虽在逆境之中，我们心中始终只有"奉献"二字，并不太在意论文是否得以发表或其发表之早晚。1972年，趁抓革命、促生产之机，钱先生向工宣队建议开门办学，建立了上海小分队。这也许是钱先生创造的某种"太极拳"吧，为的是使得我国业已落后的力学学科得以在一个更适宜的地方发展。我正苦于彷徨无计，无所作为之时，只是以读书打发时间。钱老的建议正合我意，我又在逆境中得到了施展才能的机会。而事情后来的发展也证明，这无疑是一次有深远意义的战略转移，效果巨大。我们的计算力学正是借此契机而逐渐赶上了世界的发展步伐。随后在1973年，钱先生又在科学院关于力学发展规划的大会上呼吁开辟"结构优化设计"的研究方向。这在力学界掀起了新一轮研究热潮，也使大工力学系积聚和培养了更多的人才，在这项极具生命力的新的研究方向上为国家做出了重要贡献。

回顾过去，感慨系之。钱先生的高风亮节，尤其是他求才若渴的人梯精神以及对我的知遇之恩都使我铭感于心，永远值得我学习。

作者简介

钟万勰（1934.02—），1993年当选为中国科学院院士，计算力学专家，大连理工大学力学研究所教授，曾兼任计算机科学与工程系系主任，1986 年任中国力学学会理事、常务理事；国际计算力学协会常务理事。

作为一个学生和钱先生相处的几十年 *

林少培

早在 1955 年钱先生在大连工学院土木系任教时，我就曾是他"弹性理论"课的学生；1958 年钱先生领导组建数理力学系时，我还被吸收参加他所领导的南京大桥方案研究的课题组；1962 年又成了他的研究生，攻读工程力学。在研究生期间和毕业后的 20 多年里，参与了钱先生所领导的多项研究工作，包括潜艇耐压壳强度、稳定性、极限强度分析、潜艇结构设计规范研究和计算结构力学等。1978 年，钱先生组建工程力学研究所后，我又成为他的助手，参与了以他为所长的研究所的领导工作。

同钱先生朝夕相处的 20 多年间，耳闻目睹很多事情。作为一位科学家，他严谨的治学态度和不断钻研的精神，他站在学科前沿，敢为人先，开辟学科新方向的决断能力，使每一个在他身边工作的人都深有感触。在中国力学界中，钱教授是一位德高望重的长者，但他始终活跃在教学科研的第一线。

远在 20 世纪 50 年代末，他就敏感地感受到计算机将对力学产生的巨大冲击，因此在 60 年代初就安排刘锡礼、陈浩然、王长兴和我 4 名研究生学习结构分析的矩阵理论，并在事后的科研团队的工作中，积极普及应用计算机，

---

* 本文原载于林家浩主编的《力学与工程应用：庆贺钱令希院士九十寿辰》，2006 年由大连理工大学出版社出版。

即使在"文化大革命"期间也不间断。他支持和保护钟万勰在最困难的年代里坚持计算结构力学的研究。他积极支持组织计算结构力学上海小分队，甩开校内"文化大革命"的干扰，到了上海继续在学科研究的前沿奋战，不断地为生产实践服务。据统计，在打倒"四人帮"的1976年前，我们的团队包括当时的力学系教师全部都已经扫了"机盲"，成为国内最强的计算力学的集体。

钱先生特别爱护优秀的青年人才，关心培养青年人才。70年代初，他由沈阳调回当时在中学教书的程耿东和林家浩，让他们在更适合他们成长的学科环境里工作。在70年代末80年代初又积极选派青年人出国学习，仅以工程力学研究所为例，就先后派遣了程耿东、林家浩、陈浩然、吕和祥、吕玉麟、赖国璋、李兴斯、李锡夔等多名同志出国学习、进修、交流。其中不乏有些人在短短的两三年内就获得了国外的博士学位。他们在今后工程力学研究所和力学系的发展和队伍建设中起到了积极的作用。

打倒"四人帮"后，迎来了科学的春天，钱先生正式提出"计算结构力学"学科，大大地推动了该学科在国内的发展。1979年，钱先生安排我参加中国理论与应用力学代表团到美国去考察，专门了解美国在计算力学方面的进展。我横跨美国的东西南北，访问和考察了25所著名的大学和研究单位，同那里的主要专家们开展面对面的交流，我发现：尽管美国在计算力学发展方面有硬件和传统的优势，但是总的估计，我们同他们之间尚不存在一般所想象的"技术断层"。我们的研究方向如钱先生所领导的结构优化设计学科、唐立民教授为首的有限单元法的数学理论和钟万勰所进行的复杂结构分析程序技巧等均紧紧地"咬"住美国的研究前沿，当我向美国专家们介绍我们科研团队在计算结构力学和特殊壳体强度及稳定方面的研究工作时，引起他们很大的兴趣，有的十分惊讶。如加州大学洛杉矶分校(UCLA)的国际结构优化权威斯密特（L. A.Schmit）教授、麻省理工学院的有限元数学理论专家卞学鐄教授（T.H.H.Pian）和加州大学伯克利分校 (U.C. Berkeley) 的有限元程序专家威尔逊（E.L.Wilson）教授等。在美国科学界有些人原先误以为中国科技落后得不知"有限元"为何物，我告诉他们，"有限元"已是我们大学力学本科生的必修课程，使这些美国同行们跌破眼镜。通过此次访问，不仅达到交流情况的目的，同时也为今后中美间的科技合作沟通了渠道。访美亲自的经历和目睹的事实，使我进一步体会到钱先生在学科研究方面"敢为人先"和"敢争人先"的精神，体会到他敏锐的学科洞察能力，更体会到他"虚心学习洋人，但不迷信洋人，目的超过洋人"的科研辩证观。

作为一位教育者，钱教授的大师风范，完整地体现了"师者，所以传道、授业、解惑也"的禀性和师德。正如他用以自律和自勉的诗句："献身科教效春蚕，岂容华发待流年，翘首中华崛起日，更喜英才满人间"所说的那样，他是以极端爱国的热情、极端负责的精神和只争朝夕的积极态度来从事他的教育和科研事业的。

尤其使我受教育匪浅的是钱先生对受教育者的严格要求，要求他们不仅在实际工作中对自己严格，同时也要在生产实践中磨炼自己，培养对国家、对社会负责的精神。为此，钱先生十分重视学生们德育和智育全面发展，在实际中培养和锻炼。1963 年、1965 年和 1970 年我们曾多次被安排到产品的试验现场和产品生产基地。通过在军工单位参加大比例的实物模型的试验，经历了多艘军用舰艇和大型船舶的修理和建造，以及参加船厂船体安装车间结构构件的组装工作，我们对复杂的产品结构和构造有了直观的认识，在工厂里，我们一批研究生同工人师傅一起，拜他们为师，学到了很多书本学不到的实际知识。在船厂锻炼期间，我自学了英文版和俄文版的钢桥和船体设计理论，着实地"理论联系实际"了一把，收获极大。同时也在感情上经历了升华，经历了心理上的磨炼，在劳动中同工人师傅建立了感情。

称钱先生为一位杰出的科学家、大师级的教育家和卓越的工程大师是一点不为过的。这是我有幸成为他的一名弟子并能在他身边长年深受其益的切身体会。"回首寿星往年事，硕果桃李天下颂"。值此钱先生九十寿辰之际，我谨祝他永远健康，长寿逾百。

作者简介

林少培（1934.09—），原大连理工大学工程力学研究所副教授，上海交通大学工程管理研究所教授，美国项目管理学会（PMI）全球学位验证中心（GAC）全球理事，英国土木工程学会资深会员及上海分会秘书长。

师恩如山 终生难忘 [*]

李心宏

　　钱老，从年龄看，比我大 22 岁，是我父辈。我 1956 年入大工水利系读书，他是我尊敬的老师。早在大连第一高中（现 20 中）读书时，就久闻钱老大名。大学五年，钱老未给我上过课。真正相识时，是于 1969 年在人民文化俱乐部召开的大连市学习毛主席著作经验交流会上。大工代表同住在一个大房间。当时钱老已年过半百，我刚过 30。他是长者，平易近人，与我们年轻人相处很和谐，谦虚谨慎，和蔼可亲。这一周朝夕相处，给我留下不可磨灭的印象。作为钱老的学生，受益匪浅。

　　1970 年 2 月，当钱老得知我为大工第一批工农兵学员——水工实验班撰写工程力学教材时，他鼓励我要博览群书，注意通俗易懂。1973 年，水利系接受了水电部所属 14 个工程局派来的工人班学员，我为该班主讲"工程力学"，用我自编的讲义。这个班学生文化程度参差不齐，记得有位从四川省来的保安族学员马胡才尼只有小学五年级文化。给这个班级上课难度很大。一天，钱老突然来到我上课的教室。听了我两节课后，钱老登上讲台做了即兴讲话。他举了两个例子，一个是新安江大坝，坝体稳定和应力分析，用了工程力学

---

[*] 本文原载于林家浩主编的《力学与工程应用：庆贺钱令希院士九十寿辰》，2006 年由大连理工大学出版社出版。

课所讲的理论；又举鞍钢一台门式起重机，有个加固方案，是用材料力学知识解决的。对这两个例子，钱老讲解深入浅出，形象生动，令我迄今记忆犹新，也长久受益。

1973 夏天，钱老得知该班到浙江乌溪江水库开门办学，竟独自一人，冒酷暑煎熬赶到工地。他要我将他带来的两盒"恒大牌"香烟分给吸烟的老师（当时香烟供应），并应邀为师生讲了两节课。一是"材料力学的拉压试验"，他从一根拉伸试棒，谈到乌溪江梯形坝的设计与施工，我逐字逐句记下；二是，乌溪江梯形坝是 1958 年钱老为长江三峡提供的试验模型，钱老深有体会，用通俗易懂的语言，用材料力学理论，道破了梯形坝设计与施工的深奥道理。钱老的讲课，使我折服了！后得知，钱老还为造船厂工人师傅讲过材料力学。

几年的相处，使我深深感到，他关心我、鼓励我，是要我好好培养学生。他与我并非沾亲带故，却充分体现了师生、同志的深厚情谊。这种情谊，是真挚的，也是无私的。

粉碎"四人帮"后，广大教师焕发了青春。钱老时刻关心我的教学与社会工作。1992 年年初，我服从需要去二机关担任党总支书记，钱老叮嘱我，既要当好"书记"，也不能扔了教学，要当好教师，做好"双肩挑"工作。1994 年，当得知我主持编写的理论力学讲义（已用 7 年）要正式出版时，他在百忙之中主动亲自审阅，并亲笔作序，使我深深感动。该书迄今已出三版，每版钱老均细心审阅，并三次作序。他一再告诉我：写教材是艰苦的"爬格子"工作，心情不能浮躁，也不能急功近利。钱老的话，给我动力。从写讲义到现在，已二十年了，我一直跟踪修改，边教边改，使其日臻完善。现已送印第四版，全校沿用至今。

1999 年 2 月，我去美国探亲。钱老闻讯后一再告诫我："一定早回，学校需要你这样教学的人；去美国，要去参观一些院校，学习人家的经验。"

我牢记钱老的话，和老伴一起，在照顾两个外孙之余，特意抽出时间参观了8所高等院校。

2000年5月回国后，我立刻接受学校的返聘与礼聘，担任校教育与教学咨询组成员，并承担了土木水利学院、力学系、船舶系等院系理论力学主讲任务。

2002年2月一天，突然接到钱老的电话："本学期我要听你'理论力学'（二）的课！"听此消息，我目瞪口呆，不理解何意。果然，在秘书武金瑛老师陪同下，钱老在3～4月全程跟踪听了我共计24学时的选修课。当时，听我课的学生多达215人，2馆1阶座无虚席。记得某天下午，钱老因故未按时赶到课堂。学生们都以为他不能来了；我很有把握地说："钱老肯定会来的！"果然，钱老匆匆地赶来了！钱老只有一次因感冒而未来听课，还特意挂电话向我请假。他听课十分认真，边听边记；课间与学生亲切交谈，面授体会。在最后一节课，钱老还精心准备，结合自己的切身体会给学生们谈了力学发展史和学习力学的重要性；并对我的讲课作了充分肯定，给了我很大的鼓励和鞭策。"钱老八六高龄当学生"的事情产生了强烈的"轰动效应"，多家媒体作了详细报道。听完课后，钱老给校领导写了份报告，他亲自填写并交给我一份征求意见书。据我记忆，共4条，包括积极倡导中、小班上课；提职时要兼顾科研型、教学型、管理型、企业型各类人才；要充分调动老教师积极性，发挥余热，做好传、帮、带等。校领导和有关职能部门全部采纳了钱老的意见。在他的倡导下，校领导礼聘了7名已退休老教授重返教学第一线，做好传、帮、带。我虽年近七十，也荣幸地名列其中。在钱老的建议和鼓励下，我还编写了《教育与教学研究论文选集》，钱老亲笔作序。

2002年大连市国际服装节开幕式隆重举行。他知我爱看此类演出，派秘书给我送了一张价值1000元的特级票；我一再推辞，却无法抵御他的坚持，只得去了！其实钱老自己也是很喜好文艺的。

2004 年 8 月 26 日，钱老的得意门生潘家铮院士来大连作"十年回首看三峡"的学术报告。他亲自电话告知我，再忙也要听此报告，我去了，收获很大！

更使我终生难忘的是，2004 年 7 月 16 日，钱老 88 生日的那天，他亲笔为我写了两幅条幅：一幅是陆游的诗，另一幅是他自己引为修身之道的"四乐"词："工作奉献求乐，处世助人为乐，生活知足常乐，休闲自得其乐"。

他由秘书陪同去市内自己花钱裱好，亲赠予我。他说："你没时间，也找不到地方裱！"这"四乐"不但是钱老的修身格言，也成了我的一面明镜，时刻激励我努力奉献而淡泊名利！我把此二条幅镶在镜框里，悬挂在客厅墙上。

钱老是出名的伯乐，用他敏锐的慧眼，发现不少"千里马"，他关心钟万勰、程耿东院士，关心张鸿庆、柳忠权、林家浩、张哲、王刚义等的事例，我历历在目。这些人都是名人，有才之人。

对于我如此关心，确实使我受宠若惊！我其实是个再平凡不过的人，才疏学浅！而钱老是中科院资深院士，是教育界、科技界泰斗人物。他这样关心我，关心所有老师，完全体现了他对党的教育事业的无限忠心。

我把钱老对我无微不至的教诲与关心，当成对我的鼓励和鞭策。钱老像爱自己的孩子一样关心我，我也努力使自己像钱老那样，爱学生像爱自己的孩子一样。我要站稳大学神圣的讲台，不误人子弟，努力教会学生"做人、做事、做学问"，为培养"堂堂正正，两袖清风，顶天立地的接班人"，继续在礼聘教授的岗位上，贡献余生一切力量！

我与钱老相识 36 年，这在人类历史长河中，仅是弹指一挥间。但是他对我而言，却是影响终身。追思以往，感慨万端；略举数例，亦是挂一而漏万。

唯能最后发自肺腑道一句："师恩如山，终生难忘！"

作者简介

李心宏（1938.02—2007.02），原大连理工大学土木水利学院力学研究所教授。

缅怀我国计算力学领域的一代宗师
钱令希院士 *

林家浩

  2009 年 4 月 20 日上午 10 点 01 分，钱令希院士（1916—2009）以 93 岁的高龄安详地离开了我们。他老人家的丰功伟绩、高风亮节，令学术界无数同人与后辈深陷哀思，倍感沉痛。我作为受钱老将近半个世纪恩泽的学生更是悲伤难抑，久久无法平息。

  钱老一生爱才如命。他早在中华人民共和国成立前担任浙江大学教授之时，就已经对胡海昌、潘家铮、朱兆祥等学生钟爱有加，悉心培养。他们日后皆成为国家栋梁之材。1951 年，大连工学院（1988 年改名为大连理工大学）院长屈伯川博士经多方努力将时任浙江大学土木系主任的钱令希调来大连时，他已经是全国闻名的大教授了，年仅 35 岁。他于 1950—1951 年发表的呕心沥血之作《静定结构学》和《超静定结构学》以深入浅出的精辟论述培养了我国一代土木工程师，且至今为人所称道。他于 1950 年在《中国科学》发表的《余能原理》论文，更是在我国力学界打响了开展变分原理研究的第一炮。胡海昌在此论文基础上领先于国外而发表了三类

---

* 本文曾发表于2009年第3期的《计算力学学报》上。

独立变量的弹性力学变分原理，更是蜚声世界，也展现了我国自己培养的力学人才的聪明才智。1962 年，钱老又将因为表示"看不出钱伟长有什么右派言论"而深受压抑的才子钟万勰从北京调到自己身边，细心呵护，精心培养，令其大展所长。1962—1963 年，他们在《力学学报》和《中国科学》上发表了关于壳体承载能力的论文，固体力学中极限分析的一般变分原理等，为塑性力学中变分原理的发展创出了一条新路，在力学界引起很大反响。

1964 年，我在中国科技大学跟随胡海昌和柳春图先生完成了大学毕业论文，经由他们的举荐和严格的入学考试，终偿夙愿成为钱令希教授的研究生。45 年来，我绝大部分岁月在他老人家身边度过。故得以经常聆听教诲，沐浴雨露春风。他老人家慈祥宽厚的教导，成为我克服种种困境的巨大精神力量；而他老人家为我国计算力学事业所做出的大量尚非广为人知的默默奉献，却镌刻在我的心头。

刚从北京来到大连，与我同住一室的师兄林少培、陈浩然等就已经在按照钱令希先生的安排，学习有限元理论和方法了。钱老更安排博学多才的钟万勰为我辅导数学。在这个集体里，大家经常钻研和讨论的已经是美国 R.W.Clough、J.H.Argyris 等著名力学大师关于有限元方法的早期原版论著了。

修完了研究生课程，钱老正准备让我动手做论文时，"文化大革命"开始了。钟万勰只是一个小小的讲师，却因业务能力突出而很快就被冠以"资产阶级反动学术权威"的高帽。虽然中央下令要对钱令希加以特别保护，但"天地不怕，敢把皇帝拉下马"的造反派终于还是将他收入了"牛棚"。后来得知，钱老等人在被迫交代"罪行"时，都是将"罪责"统统揽到自己身上，从不推给对方。而且，他们在逆境中还始终没有忘记"文化大革命"开始前，因为苏联撤走军事专家而应承下来的核潜艇关键力学问题的攻关任务。一有机会就将自己反锁在房间里讨论解决问题的途径。终于，钟万勰利用在"牛棚"烧锅炉的间隙，在毫无资料可查的境况下，硬是凭借深厚的力学根底，通过空间想象和心算而找到了模拟潜艇的锥柱结合壳的危险失稳形式。他将主要结果写在找来的一张废纸上，趁"劳改放风"之际，伺机将纸塞给了钱老。钱老又迅速将此"机密文件"转送海军有关技术部门。当他们得知这个关键性的重要结果是一个在"劳改队"里的"牛"靠心算而找到的，不禁摇头叹息。这项出自"牛棚"的创新性成果，为我国自行发展核潜艇做出了巨大贡献，并被写入潜艇设计规范。在"四人帮"倒台以后，又屡获国家级奖励。但这样的拳拳赤子之心和杰出报国业绩却丝毫不能改变他们作为"牛鬼蛇神"的尴尬境遇。我虽然是他们的学生，当时也并不知道所发生的这些情况。但这丝毫没有减低我对这些学术前辈发自内心的敬重。我和任海星（已故）等同学一有机会就找钟万勰下围棋（虽然自知与他绝非同一个档次），也有很多人围着看。这其实是醉翁之意不在酒，而在于表达我们无声的同情。有时我们也有事没事地到钱老家去与他闲聊，以疏解他的郁闷心情。1968 年秋，我和程耿东作为"修正主义"苗子被派遣到黑龙江珍宝岛附近的军垦农场锻炼，学习老愚公，天天在冰天雪地中挖沟不止。一年后我们又被改派到沈阳当中学老师。在那"读书无用论"猖獗的年代，我们二十年寒窗所学的力学知识到哪年哪月才有用武之地呢？我们自然忧心忡忡。但是，钱老并没有忘记我们。我们刚到沈阳两个月，钱老就趁到沈阳开会之机将我们叫到了他的住处，如同对自己孩子那样安慰和勉励我们。他要我们耐心地等待三年，千万不要对前途丧失信心。还指定英文版的《ALGOL 计算机自动化语言手册》要我们去外文书店买来抓紧时间学习。老人家仿佛在深夜中为我们点亮了一盏明灯。我们打起精神，认真地研读起这本鸿篇巨制来。后来才明白，这正是我们日后开展计算力学研究的最基本的工具。

果然，刚过三年，即 1973 年 3 月，我们就被钱老以配备助手的名义一起调回了大连。钱老是花费了巨大的心血，克服了无数困难，才实现了这一目标的。但钱老直至临终也闭口不对我们谈这个过程。很多内情是在多年以后才从当时的一些经办干部口中得知的。钱老打响的将我们调回大学的这一枪，据说是全国的第一枪。以后国内许多大学生纷纷调回到了专业对口的单位，发挥了应有的作用。钱老也将隋允康、刘元芳、李兴斯等一批有才华的学生先后调回大连工学院，为发展计算力学集聚了雄厚的人才资源。

1973 年正值"四人帮"倒行逆施十分猖狂之时，大学停止招生已近 8 年。老师上班时不是聊天就是看报；如果想看本专业书籍，担惊受怕犹如惊弓之鸟，只能悄悄地看。眼看我国的学术水平被西方越拉越远，钱老也是忧心如焚。终于，他想出了一着险棋。现在看来，也是他在发展计算力学之路上设下的一招妙棋。钱老利用自己是三结合知识分子代表的有限影响力，让还受到种种限制的钟万勰带领一些年轻教师(先后有丁殿民、曲乃泗、程耿东、葛增杰、林家浩等)到上海去，要他们借助计算机和力学手段，来解决一些工程中的实际问题。当时，大连还没有可以使用自动化语言的计算机；全上海也只在湖南路 30 号市计算中心有两台，主要供军事部门应用。外地用户根本不接待。为此，我们首先需要找到有应用计算机可能性的设计院进行合作，并通过他们而实现上机。可是，我们一家家的跑，都吃了闭门羹。他们认为，自己用手算方法搞了几十年设计了，盖了这么多大楼，不也安然无恙吗？何必费心思再用什么计算机呢？正当我们一筹莫展之时，钱老闻讯不顾海浪颠簸乘船赶到上海来了。他亲自到各大设计院一一拜访，指出计算机应用的巨大潜力和优越性。承诺只要他们代为登记到机时，我们就可以按照他们提出的要求开发程序；而且全部无偿提供给他们应用，并给予细致的指导。以钱老的巨大声望，又如此苦口婆心的开导，终于使上海两家最大牌的设计院同意了与我们的合作。上海工业建筑设计院（即现华东院）和上海市政工程设计院都指派了专人与我们联系和合作。每天半夜12点左右，工业院可以为我们争取到15～20分钟的上机时间，我们有3个人可以非常紧张地穿插使用这点宝贵的机时。当时不但所用纸带是8进制的，而且必须熟背代码，要像读书一样流利地阅读这些代码，才能正常开展工作。而计算机的操作也不能靠键盘打字来发布命令，而必须使用也是8进制的板键来进行操作。真是又烦又慢。但这些还不是最困难的问题。主要困难是在国内根本买不到用自动化语言来实际解决工程问题的书籍或刊物。有限元知识我们早就懂得，但怎样成为计算机能够接受的命令，并且一步步计算出正确的答案，才是最大的挑战。每个细节都得靠自己来摸索。记得有一天，小分队靠着自编的ALGOL语言程序实现了有19个节点的平面刚架静力分析。钱老闻讯，十分激动地向同事们宣布了这一喜讯。其微微颤抖的声音，令在场的人无不动容。今天的大学生在普通微机上已可方便地编制出复杂得多的计算程序。他们也许很难想象当初钱老带领我们在发展计算力学的崎岖小路上走出这看似微不足道的第一步时，付出了多大的代价！

自此之后，工作的进展变得越来越快了，虽然可以提供给我们使用的那台计算机小得可怜，一共只有64K字的内存。外存不稳定，存量也很小，不能多用。但是经过我们一段时间的努力，已经可以解决一些颇具规模的工程问题了。例如，上海电视塔的整体吊装，就是钟万勰利用群论工具，在小机器上计算大问题，成功地解决了这一举世瞩目的难题。程耿东也学习掌握了钟万勰采用的这一先进群论工具，进一步完善了具有广义对称性的框架计算程序，为上海市政工程设计院完成了全国水塔标准图系列的计算工作。这些都是在国内影响很大的工作，使得工程人员真正看到了计算机的威力。与我们合作得越来越密切的这两大设计院很快都斥巨资安装了计算机，日夜为自己的工程设计服务。在开始阶段，几乎都采用我们小分队编制的程序。上海科学会堂还举办了三次面向全国的计算机应用讲座，由钟万勰代表小分队详细介绍在力学分析中如何实际使用计算机。许多学员成为各地发展计算机应用的骨干。对待八方来客，小分队一律热情服务，分文不取，从而结交了很多工程界的朋友。

　　1974年年末，这个其实是"不合时宜"的小分队，终于被冠以"右倾翻案风的典型代表"、"借抓生产之名义来压革命"等种种莫须有的罪名，急令撤回大连，令上海工程界的许多合作者极不理解，十分惋惜。不过，小分队回到大连后，纷纷写出结合计算机应用的各种力学教材，大幅度改革了教学内容。有不少教材还被国内其他高等学校借鉴或直接使用。钱老极具战略眼光地在幕后指挥的这局棋，虽有风险，却不失为深谋远虑的妙招。它使得我国的计算力学研究在"四人帮"作乱的艰难时期就走出了重要的第一步，争取到了宝贵的时间。"四人帮"倒台以后，我国的计算力学水平并没有落在西方后面很远，而是很快就撵了上去，并取得了一系列独具特色的计算力学成果，令国际同行刮目相看。其中不但包括钟万勰在1977年就领导研制的具有多重子结构、多重主从关系功能的结构分析程序 JIGFEX，具有许多先进功能的结构优化程序 DDDU；也包括国内很多高等学校和工程部门的大量很有特色的计算力学研究成果，其中很多成果都在工程领域发挥了很大的作用。1980年以后，国门重新打开，一批批国际著名力学家来华访问。他们本以为经过"十年浩劫"，计算机在力学中的研究和应用水平在中国一定极其落后。及至亲眼看到了我们的大量研究和工程应用成果，而且不少人是在几乎同一水平线上与他们展开学术讨论，令他们非常吃惊。

钱老一贯重视工程，认为工程力学一定要坚持解决实际问题的方向。为了发展工程结构优化设计的方向，1973年，他高瞻远瞩地发表了论文《结构力学中的最优设计理论与方法的近代发展》[力学情报，（4）：3-28]，为我国在计算结构力学与有限元的领域给出方向性的指引。在"文化大革命"的困难时期，有力地推动了我国计算力学的发展。程耿东更是沿着钱老指出的这条路，在结构优化设计领域辛勤耕耘三十年，一再获得国际领先的重大成果。

1982年，经中国力学学会第一届理事长钱学森推荐，钱令希被一致选举为第二届理事长。钱学森在推荐时说："钱令希教授紧跟时代的步伐，及时更新知识，走到了前面。我表示十分钦佩！"1984年，钱令希创办了《计算结构力学及其应用》杂志（后改名《计算力学学报》），并亲任主编。1985年，在69岁高龄的钱老主持下，中国计算力学协会成立，钟万勰当选为第一任主任委员。1986年，国际计算力学协会（IACM）正式成立，钱令希与R.H.Gallagher、J.T.Oden和O.C.Zienkiewicz等十多位该领域的顶级权威成为该协会的共同发起人。国家教委指派钟万勰代表钱令希率团前往美国得克萨斯大学参加IACM成立大会并做大会报告。现在又过去了二十多年，中国的计算力学队伍更加壮大了。高水平研究成果不断出现，已经成为国际上该领域一支非常重要的力量。为这一天而奋斗了将近半个世纪的钱老，应可含笑九泉了。

作者简介

林家浩（1941.06—），大连理工大学工程力学研究所教授，博导，曾任国家教委科技委员会数理学部成员，中国力学学会理事、高级会员、振动专业组组长等。

钱令希先生倡导研究计算力学和结构优化的大境界

隋允康

慧眼辨识和捕捉方向

记得 1972 年春节前的一天，我去钱先生家拜访。恰好他正在逐字逐句地推敲《结构力学中最优化设计理论与方法的近代发展》文稿，他看我来了，就兴致勃勃地谈起了这个方向。

他说，以往力学是被动地为工程实际服务，体现在一个结构设计出来要进行安全校核，而 20 世纪 60 年代初出现的结构优化学科使力学可以主动地参与设计。他指出，力学已经从认识世界上升到改造世界的高度了。

他还告诉我：《结构力学中最优化设计理论与方法的近代发展》这篇文章将是他在中国科学院力学研究所的讲稿，他号召大家研究结构优化。他说，"文革"耽误了中国力学的发展，特别是有限元方法、计算力学和结构优化，没有多少研究，现在我们得奋起直追了。因为结构优化以有限元方法和计算力学软件为基础，所以我们如果同时抓有限元方法、计算力学和结构优化的研究，就可以迎头赶上去。

这篇文章我有幸先睹为快，了解了一个正在海外兴起并且发展起来的新的研究方向。不久后，钱先生把他这篇讲稿的打印件寄到了吉林省柳河县民主街 467 号，这是我在柳河县建筑工程队任技术员时小家庭的蜗居。1973 年，他在中国科学院力学研究所力学规划会上报告了这篇发言，后来又发表于《力学情报》上。

我以后才知道这篇文章的大背景：1972 年，周恩来总理指示"要搞好基础理论研究"，中国科学院召开力学规划设想座谈会。钱先生在会上倡导发展计算力学；他还提出力学要超越仅作分析的老传统，要以综合研究结构优化设计的理论和方法，为工程进行优化设计的服务。他指出由于计算机的应用，国外力学分析已经打开了新局面，优化设计也正在形成气候，这就是在《力学情报》发表的这篇文章的由来。

钱先生深知发展计算力学的重要作用，他在呼吁大家关注结构优化的同时，在大连工学院（1988 年更名为大连理工大学，以下简称大工）倡导研发计算力学软件。其实，在"文革"之前，他就带领力学系的教师、研究生和本科生，学习数值计算和电子计算机的有关知识，可惜那时候数理系的苏联乌拉尔计算机是基于电子管的机器，占据了很大的建筑面积，软、硬件水平都很低，而且当时也没出现有限元的概念。

严格讲，钱先生这时上下求索所探讨的是把古典的结构力学和现代化的计算机条件结合起来，苦苦地在为兴建计算力学新学科做准备。作为学术带头人，他总是倡导力学以计算机程序为媒介，广泛而精心地服务于工程实际；作为教育家，他总是告诫数理系的数学、物理和力学三个专业的学生，人人都要学习计算机程序的编制和应用。

"文革"的后期出现了国产计算机和高级算法语言 ALGOL 和 FORTRAN，也许很多人并不介意，可是钱先生敏锐地观察到计算机软、硬件水平的提高，高兴自己终于盼来发展计算力学的机遇。钱先生极为振奋，但又十分犯愁，如何跨出第一步？在"文革"尚未结束的年代，做任何实际的事情都很难啊！

日思夜想，殚精竭虑，钱先生效仿张良的"明修栈道，暗度陈仓"之计，向当时掌管学校大权的工人宣传队建议，组建力学小分队去上海："明修栈道"，落实毛主席的"抓革命、促生产"最高指示，开门办学，为社会主义建设服务，同时改造小分队成员的"资产阶级思想"；"暗度陈仓"，让钟万勰老师带领青年教师在为上海工程界的服务中，亲口尝一尝计算力学这只"梨子"的滋味，为发展计算力学培养队伍，出软件成果。

工宣队批准了这个建议，令钱先生大喜过望：①早在"文革"之前，无论钱学森先生曾经给他谈的电子计算机的重要性，还是1958年时钱学森建议在中国科学院力学研究所用计算机解百万千瓦水轮机的流体力学问题，都让他决心走计算力学之路；②教师们浪费着宝贵的光阴，而计算力学的研究工作却没有人去问津，叫他怎么不忧心如焚啊；③爱徒钟万勰带队回上海工作，他的两地分居的问题也可以暂时解决一下了。

万事起头难。上海市具有计算机的单位并不认可大工的力学小分队，看来直接谋取上机的路径是行不通的，他们就打算"曲线"上机——说服全国一流的建筑设计院用电子计算机解决问题，可是设计院用手算迭代就能解决框架结构的力学计算，对于改用计算机并不感兴趣。钱先生"闻声救难"，赶往上海，他凭着自己的声望和学识，说服了上海工业建筑设计院和上海市政工程设计院，他们决定采用小分队研发的程序解决设计问题，小分队有了编制程序、上机考核和工程应用的机会。

钟万勰带领的小分队非常珍惜难得的机会，他们勤奋地工作，陆续编制了平面框架、平面板架、空间网架、空间框架、薄壁杆件桁架、升板结构、水塔结构等自己研发的程序。设计人员要花几个月才能算出结果，现在用计算机一至两天就能精确地计算出来，而且，过去无法手算的设计，现在都不在话下了。工程师们纷纷来找小分队解决他们的疑难问题。

钱先生惦记着小分队，写信太慢，常常电话联系，帮助解决困难，一起分享捷报带来的欢乐。他有机会就去上海看望住在滇池路宿舍的小分队成员，帮他们分析工程问题，一起讨论求解方法。他很关注他们的工作学习、生活起居等。他不去住条件好的宾馆，而是同大家住在一起，天亮起床，还请大家吃早点。钱先生掏出自己的钱，让小分队买图书资料。

小分队实际上对于中国计算力学的发展做出了自己独特的贡献：①当时"文革"尚未结束，可以毫不夸张地说，小分队打响了中国自主研发国产计算力学软件的第一炮；②无私服务工程、无私服务社会，上海和各地的各个技术人员一律免费学习、使用或拷贝小分队研发的软件，不收任何金钱报酬；③上海科学会堂组织了三次由钟万勰主讲的计算力学程序讲座，每次都有来自全国各地的数百人参加；④参加讲座和被接待的学员当中，不少成为各地普及计算力学软件的骨干和人才；⑤上海工程界受益最大之处在于，提高了领导的思想境界，提升了工程人员的技术水平，例如，上海工业建筑设计院和市政工程设计院都分别投资一百多万元，购买了计算机；⑥小分队研究的资料和程序一律不署个人名字。

好景不长，1974年年末，小分队得到"立即全体撤回大连"的命令，钱先生毫不气馁，"变坏事为好事"，小分队的成员们听从"老帅"的安排，大家把自己在上海的研发和应用计算力学的工作进行总结提升，写出了结合计算机应用的各种力学讲义。从此，中国有了第一批自己摸索总结出来的计算力学教材。

这套教材同翻译引进的国外教材的最大不同点在于：它们简捷、易懂、实用，密切地结合国内的计算机软、硬件条件和工程实际，成为全国高校力学和工程专业的教材和参考资料，也是工程人员的知识更新的重要教材。力学界和工程界十分自然地从手算走上了以计算机自动程序为工具的道路。

钱先生组织人申报购置国产计算机，建设机房，安排钟万勰老师和简幼良老师等人讲课，扫除"机盲"。钱先生在派力学小分队去上海的同时，还安排计算数学的老师准备发展计算机数值计算，同时筹备机房的骨干。通过力学小分队的"探险"，破除了计算机的神秘感，出现了教师们学算法语言、用计算机编程上机的热潮，力学系出现了像孙焕纯这样的老教师戴着老花镜查对程序纸带的动人场面。在钱先生的提倡下，不仅力学系教师们争先恐后地上机，造船系、机械系、计算机系、土木系、数学系的教师也纷纷编程上机。

钱先生大力启用钟万勰作为自己发展计算力学的得力帮手，他让钟万勰充分发挥研发国产软件的急先锋作用，使他成为研发计算力学的副帅，安排一大批中青年教师跟随钟万勰开发计算力学软件。钟万勰后来被破格由讲师提拔为教授，小分队其他成员也很快成长了起来。

由于钱先生超前的苦心经营，大工的计算力学水平在"文革"十年浩劫结束时，并没有落后于国际水平很远。大工也有了自己的国产计算机，可是计算机条件还是很差的，钱先生就再一次组织钟万勰带领计算力学研发和推广小分队去上海、南京和杭州，利用那时在大企业的美国或德国进口的大型计算机研制自主产权的计算力学软件。如果说第一阶段的小分队编制了小型专用程序，那么第二阶段的小分队主要面向开发大型通用程序。

我有幸在这个时候由钱先生调回母校，参加了第二阶段的力学小分队赴南方的研究工作，在钟万勰教授的领导下，参加自主产权力学软件DDJ（多单元、多工况结构分析软件）、JIGFEX（大型组合结构结构分析软件）和DDDU（多单元、多工况、多约束结构优化软件）的研发。小分队的成员分工合作，共享平台，各有侧重，例如：丁殿明和郭秀玲侧重于多单元结构分析，李锡夔侧重于多重子结构分析，裘春航侧重于群伦分析，林家浩侧重于动力分析，张近东侧重于接触分析，我则侧重于结构优化。

1978 年在制定全国力学学科发展规划时，钱先生竭力呼吁把计算力学列入力学重要的发展方向之一，他的前瞻性的阐释说服和感动了与会者，大家终于接受了他的主张，他被指定主持全国力学发展规划中"计算力学分支学科规划"的调研与制定工作。相比国内其他单位的计算力学研究，大工力学研究所由于钱先生的运筹帷幄，成长起来一大批中青年计算力学研究人才。

大工的计算力学方法和软件成果，带动了国内各高校、研究机构和工业部门结构优化的发展，同时也影响着日本、韩国、新加坡周边的国家和中国香港特别行政区、中国台湾省等地区结构优化的发展。

锲而不舍组建和壮大队伍

在"文革"刚刚结束时，钱先生克服了很大的困难，将我调回母校。如果说把他老人家于 1962 年 9 月和 1973 年 3 月先后把钟万勰、程耿东和林家浩调回大连分别是求助行政力量组建队伍的两次动作，调动我则是第三次了。我是跨省调动，难度更大啊！

在这之前的 1969 年，钱先生去沈阳开会时，就告诫程耿东和林家浩，国家不可能总是这样乱，以后肯定还会发展的。并且推荐他们去购买介绍计算机自动化语言的英文专著，为编制程序做准备。

我同钱老的缘分开始于 1965 年。学校决定从全校选拔三年级的学生通过自修，提前两年考研究生，我有幸被选上，拟考钱先生的研究生。

1968 年年末毕业后，我被分配到部队进行军农锻炼。1970 年年初，部队又分配我到吉林省柳河县工作，担任了建筑施工技术员。每次回大连探亲总要向钱先生汇报工作和研究心得，他对于我能够独立研究问题十分肯定并予以鼓励，他经常向我居住的柳河县小草房寄"有限元"、"优化设计"等讲义和书信。

1978年，经过钱先生的努力，我终于被调到大工，成为他领导的团队成员。

钱先生识才、爱才，他不仅锲而不舍，顽强地组建队伍，而且千方百计地、多种途径、全力地培养队伍。为了培养青年教师从事优化研究，他介绍程耿东、李兴斯分别去丹麦和英国攻读有关结构优化的博士学位，他让我作为他的科研助手，在实干中培养，他以指导博士生的形式对王希诚、施浒立、刘英卫等进行培养，钱先生还先后送我、顾元宪和王希诚去英国利物浦大学，同 *Engineering Optimization* 期刊主编 Templeman 进行科研合作。开拓我们的国际视野。

加入钱先生的研究团队后，他分配给我三项任务：①科研：从事结构优化理论和方法的研究，开发相应的软件程序；②教学：给研究生上课；③指导：协助指导研究生。

他认为我首先要过"程序关"。他把钟万勰老师编制的多单元多工况软件 DDJ 交给我，对我说：你的首要任务是把钟老师的程序读懂，然后在它上面发展结构优化的功能。后来他看到我对于结构分析编程已经把握，对优化方法已经入门，又给我布置了杆—膜结构体系静力多载荷工况下建模和用序列二次规划 SQP 求解的任务。我先是进行了详尽的理论推导，然后开始编程。当时母校还没有国外进口的大型计算机，我只好跟随钟万勰老师的小分队去南京、上海、杭州等地在西门子大型计算机上开发具有自主产权的软件 DDJ 和 JIGFEX。大家在钟老师的领导下，一起参与程序的调试，同时各有分工，我参与多单元、多工况、多约束结构优化 DDDU 程序的研发。

当 DDDU 程序的第一个版本调试成功，算出比 Schmit 等人迭代次数更少和重要更轻的优化结果，我高兴地从杭州打电报向钱先生报喜。当我路经上海乘船回大连，让我感到意外的是，刚刚步出海港码头，就看到钱先生，他亲自接我，派车送我回学校。

全方位的指挥和运营才干

"文革"尚未结束时，钱先生就急切地在国内倡导优化方法和工程应用的研究，1970 年他在中国科学院力学研究所做了关于发展结构优化的报告。1979 年，他组织选编和出版了 *Selected Papers on Structural Optimization* 论文集，这本选集的文章均来自国外著名期刊上发表的结构优化论文。特别重要的是，钱先生为选集写了 8 000 多字的前言，概括分析了从 1960 年以来近 20 年来国际上结构优化的发展状况，提纲挈领地指出了在中国发展这一学科的思路。这本选集虽然只印了 800 册，但是对我国结构优化研究的影响很大，充分显示了带领结构优化研究的"老帅"的风采。

钱先生对优化设计方法的重视，绝不是仅停留在力学为工程服务的领域，他是一位战略型的老帅，从他呼吁研究结构优化的开始，就呼吁所有的学科都拓宽到向优化方法取得交集的方向发展。

他不仅在力学系和力学所培养和组织结构优化研究队伍（其中有钟万勰、程耿东、林家浩、李兴斯、王希诚、张近东和我），而且他还反复动员数学系的精英老师，让他们从一般数学转到数学规划的研究，促成了运筹学研究团队，开展数学优化方面的研究，其中包括夏尊铨、唐焕文、冯恩民、施光燕等老师。

他还在全校组织跨学科的优化方法及其应用的学术交流大会，各科优化都聚在一起，大方向都是优化，但有的是数学优化，有的是同力学有关的优化，有的是土木、机械、造船、化工方面的优化，等等。全校性的优化理论、方法和应用的发展，只因有数学优化（运筹学）为基础，有结构优化为骨干，因而才有了各个学科的跟着开花结果。从那时至今，30 年过去了，这在国内外所有高校中仍然是极为罕见的现象！我们不能不佩服钱先生的高瞻远瞩和运筹帷幄！

钱先生还在竭力带动全国计算力学的发展，1980 年他担任中国力学学会结构力学专业组组长，先后在大连和杭州亲自组织了第一届和第二届全国性的计算力学会议，中国力学学会计算力学专业委员会也于 1983 年正式成立。为推动计算力学发展，钱先生于 1984 年在大工创办了《计算结构力学及其应用》（现《计算力学学报》）杂志，他亲任主编。

钱先生也积极倡导国际学术交流。1981 年，他率领代表团赴比利时和英国访问与讲学；1982 年，他又去美国考察、讲学，同年，他担任了国际著名的计算力学杂志《应用力学与工程中的计算机方法》的编委。为促进我国与国际学术交流，他多次出访比利时、法国、瑞士和美国等。

1983 年 8 月，他在大连主持了中美工程计算力学学术讨论会。他还发起建立国际计算力学协会（IACM），该协会已于 1986 年 9 月正式成立。1985 年 6 月，在加拿大召开的第十一届国际应用力学大会上，钱先生介绍了我国应用力学的现状和展望，受到各国专家学者的重视和关注。

1983 年，钱先生在水利电力出版社出版了《工程结构优化设计》一书，该书是我国这一领域的第一本学术专著，被授予全国优秀科技著作一等奖。

在钱先生所在的大工工程力学研究所里，已经成长出一批能力很强的计算力学研究人员，他们不仅进行理论和方法的研究，而且进行结构分析和结构优化的软件开发，切实为工程服务。1981 年教育部的技术鉴定会认为：钟万勰带领研制的大型组合结构分析通用程序 JIGFEX 是我国计算力学和科技应用软件方面的一项重大科技成果，已被广泛地运用到土木建筑、桥梁、造船、航天、机械制造等各个领域。

多单元、多工况、多约束的结构优化设计——DDDU 系统是钱先生亲自领导开发的另一个软件。钱先生看到，国际上优化设计的理论与方法有两条途径：一是依靠数学规划，理论基础强，并有通用性，但实用比较困难；另一条是依靠一些简明的准则，来指导优化算法，便于工程实用，但应用有局限性。于是，他就产生了将两条途径统一起来，采用系列二次规划的算法上来求解。当时，国外的几位先行的学者也在深入地研究着，只不过人家先行研究了十年，才走到如今这一步。钱先生率领我们奋起直追，一跃追上了国外学者。

这个系统先后有 4 个版本，逐步从研究性的优化程序发展到面向工程应用的程序，为国家节省了大量钢材。那时，正是改革开放初期，对钢材的需求如饥似渴，这个程序的广泛运用，间接地缓解了大型钢铁企业的压力。

因为钱先生的积极和正确的引导，力学研究所在计算力学的各个研究方向上均取得了丰硕的成果，结构优化方面也不例外。1985 年，我们获得了国家科技进步奖三等奖（结构优化程序系统 DDDU，钱令希、钟万勰、隋允康、程耿东等）；1990 年获国家教委科技进步奖一等奖（结构优化的理论和方法，钱令希、程耿东、隋允康、钟万勰等）；1991 年获国家自然科学奖二等奖（结构优化的理论和方法）；1997 年获中国工程物理研究院研究成果奖二等奖（结构块体元优化和程序，隋允康、王希诚）。

1982 年召开的中国力学学会大会上，理事长钱学森推荐钱令希担任下一届理事长，他说："钱令希教授紧跟时代的步伐，及时更新知识，走到了前面，我表示十分钦佩！"大家一致选举钱先生担任第二届中国力学学会理事长，这与他倡导计算力学的远见卓识和丰硕成果都有关系，也是大家对他的崇高道德风尚和严谨治学精神的认可。

结语

我十分感激钱先生的知遇之恩，由于他的赏识，把我们全家四口人调到大连，两个女儿从而在大连可以接受山区无法比拟的良好教育。我由于有名师指导，才可以做出国际前沿的研究。恩师不仅指出正确的研究方向，而且各方面给予关心。在提职时，他老人家也是牵肠挂肚，记得我在主楼四楼小礼堂进行晋升教授的答辩，钱先生去坐镇，问了我一个问题："解决了一些什么工程项目？"实际上是让专家们更广泛地了解我的工作。

1998年，由于孩子的原因拟调到北京，但是我很有顾虑：钱先生费尽力气把我们一家四口调到大连，我现在要离开他，会不会叫他老人家伤心呢？让我感动的是，钱先生非常体谅我的心意，他同情我。正是由于钱先生的理解和支持，并且帮我说话，当时的校长程耿东院士和书记林安西教授才会放我走。

钱先生是一个成功的帅，深思他成功的原因，无非德与道两方面。德，源于他的仁爱之心。道，源于他的学识和处事之道的熟稔。深信钱先生的思想、处事方法和学术贡献，是值得发掘的宝库，在学术界也难免浮躁的当今，学习钱先生的成功经验，肯定是一件有益的事情。

作者简介

隋允康（1943.09—），北京工业大学工程力学系教授，博导，曾任北京工业大学学术委员会副主任兼秘书长。中国力学学会理事兼计算力学委员会荣誉委员，中国力学学会力学史与方法论委员会副主任。

钱令希先生生平及其学术贡献 *

钟万勰　程耿东　林家浩

钱令希（1916—2009），江苏无锡人。力学家，结构力学专家，中国计算力学的奠基人，教育家。1954年当选为中国科学院学部委员。1950年担任浙江大学土木系主任。1952年到大连工学院（现大连理工大学）任教，后任院长。1958年参与创建工程力学系和工程力学研究所。1950年在《中国科学》发表《余能原理》的论文，在学术界产生了深远的影响。20世纪50年代出版的著作《静定结构学》与《超静定结构学》培养了一代土木工程师。提出了一个新型的梯形坝坝型，并提出拱冠梁法的设计计算方法，为国内若干水电站工程所采用。60年代在《力学学报》和《中国科学》上发表了关于壳体承载能力的论文，又和助手一起发表了固体力学中极限分析的一般变分原理，为发展塑性力学中的变分原理创出一条新路。带领助手们研究了潜艇结构锥、柱结合壳在静水压力下的稳定分析，并给出相应的理论和算法，成功地应用于中国核潜艇的研制，并被纳入国家设计规范。这项工作后来获1978年全国科学大会奖和1982年国家自然科学奖三等奖。70年代致力于中国创建"计算力学"学科；发展最优化设计理论与方法；承担了中国第一个现代

* 本文选自《20世纪中国知名科学家学术成就概览·力学卷》一书，该书由科学出版社于2014年出版。此处标题为本书编者所加。

化油港——大连新港主体工程的设计任务，领导了海上栈桥的设计和建造，提出"百米跨度空腹桁架全焊接钢栈桥"方案，并亲自参加设计和施工，此项成果获全国科学大会奖和国家70年代优秀设计奖。80年代由钱学森推荐，担任力学学会第二届理事长。国际计算力学协会（IACM）的发起人之一。并曾担任中国高等教育学会副会长。为推动力学与工程结合，创办了《计算结构力学及其应用》杂志。领导开发出结构优化设计程序系统DDDU，该程序在许多工程领域取得良好的效果，于1985年获国家科技进步奖。其进一步发展的成果，获国家教委科技进步奖一等奖（1990）和国家自然科学奖二等奖（1991）。1983年出版的专著《工程结构优化设计》于同年获得全国优秀科技著作一等奖。

成长历程

1916年7月16日，钱令希出生于江苏省无锡县鸿声镇的一个书香门第。2009年4月20日在大连逝世。

钱令希父亲钱伯圭早年参加辛亥革命，后从教于荡口镇果育学校。其学生、后来成为国学大师的钱穆在《师友杂忆》一书中，曾回忆他与伯圭老师关于中西文化比较的一次谈话，说："余之毕生从事学问，实皆伯圭师此一番话有以启之。"钱令希的哥哥钱临照，是中国著名的物理学家，中国科学院院士，比他大10岁。钱令希幼年时代，父兄对他的管教甚严，特别是哥哥，对他后来的成长帮助很大。

钱令希本名钱临熹。幼年时练毛笔字时，"临熹"两字笔画多，总写不好。作为小学校长的舅舅看他写得辛苦，索性把它改为读音相近的"令希"两字。这个名字，一直沿用至今。

童年的钱令希表现出了高度的自治能力。他9岁即离家到附近的梅村镇高小住读，11岁考上了刚刚建校的江苏省立苏州中学，读初中一年级。1928年，年仅12岁、聪颖过人的钱令希考入了上海中法国立工学院高中部。他潜心攻读，第一年，以优秀成绩通过了法文集中训练；第四年，他又以优秀成绩直升大学部土木科。

20世纪30年代是中国现代史上内忧外患交困、革命斗争风起云涌的年代。大学时代的钱令希深感"国家兴亡，匹夫有责"，抱着"科学救国"的满腔热情刻苦学习，大学年年都考第一名。1936年9月，以土木科第一名的成绩，从上海中法国立工学院毕业。同年10月，经"中比庚款"委员会选拔，被保送到比利时的布鲁塞尔自由大学留学，两年后毕业，并获得"最优等工程师"的称号。

1938年，正值抗日战争进入第二年。钱令希满怀抗日救国的赤诚，立即回国。在昆明，他被刚刚成立的叙昆铁路局录取为"试用"。这条铁路计划从四川的叙府南达云南的昆明，然后与滇缅铁路接通，以期为全民抗战打开一条国际通道。刚参加工作，钱令希便和一位老工程师一起在人烟稀少的西南边陲翻山越岭，风餐露宿，进行桥梁地质踏勘。经过麻风病流行地区，他们两人也毫不畏惧。那年冬天，他们硬是凭着两条腿，在140多千米的线路上，为上百个大小桥梁、涵洞定位定型。这段经历，为他今后使理论密切联系实际，以及为工程建设服务打下了一个良好的基础。

从1941年到1943年，钱令希先后在川滇铁路公司，熊庆来任校长的云南大学和以茅以升为领导的交通部桥梁设计工程处工作。钱令希1942年2月在云南昆明结婚。夫人倪晖是位数学教师，毕业于河南大学，生有一子一女。1943年11月，钱令希应浙江大学工学院院长王国松教授之邀，到内迁遵义的这所大学任教。在这里，他受竺可桢校长倡导的"求是"学风的熏陶，埋头钻研学术，写出了一篇篇崭露头角的学术论文，其中的《悬索桥近似分析》

一文，1946年经当时内迁重庆的北平图书馆推荐，在美国《土木工程学报》发表。他的另一篇《关于梁与拱的函数分布与感应》的论文，1946年获得当时政府颁发的科学奖。新中国成立前夕，浙江大学的学生运动轰轰烈烈，他的助教和学生中不少是地下共产党员或进步分子，钱令希对他们十分钦佩。一次，他在资料室的柜子里发现一藤箱革命书籍。从此，他严格保管钥匙，不让人随便进入。事后，掩藏这批图书的地下党员、后来担任宁波大学校长的朱兆祥说："钱先生真是深知我们的好老师。"1950年，浙江大学搬回杭州的第四年，钱令希担任了土木系主任。

1952年1月，钱令希接受大连工学院院长屈伯川博士之邀，来到大连工学院（现改名大连理工大学），先后任教授和第一任科学研究部主任、副院长、院长、大学顾问等职。50多年来，他把全部心血奉献给该校，为学校的成长发展做出了重要贡献。尤其是他创建的工程力学系和工程力学研究所，经过几十年努力，人才辈出，成果卓著，已经在国内外力学界建立了良好的声誉。

主要研究领域和学术成就

20世纪40年代中期，钱令希从铁路桥梁工程实践转入内迁至贵州省遵义的浙江大学教书。那时，在云南澜沧江上，中国第一座现代化的悬索桥刚刚落成。这种桥属于大跨度的跨越。跨度一大，挠度就比较大，用当时的弹性小挠度理论计算不够准确。但是用非线性挠度理论，在没有电子计算机的时代工程师们是力不从心的。钱令希经详细研究后发现了两点：一是非线性因素对悬索的水平拉力的数值大小固然有影响，但对其在桥梁活载下的变化规律影响极小；二是非线性因素对加筋梁的影响可以用一个柔度系数来表征，而这个系数在给定的恒载与活载比例下是相对稳定的。这两个力学性质的发现大大地简化了非线性分析。他推演出了一套完全是显式的计算公式和便于工程实用的曲线，使设计者使用计算尺便能在几个小时内完成一个设计方案的近似非线性分析。这项研究成果在 1948 年美国《土木工程学报》上发表。由于它的创造性和深入浅出、面向工程的风格，于 1951 年被授予结构力学的莫采夫（Moiseff）奖。因当时抗美援朝战争已经爆发，钱令希拒绝接受此奖。以后，这个奖临时改授予以研究立柱非弹性稳定理论著名的美国力学家 F.R. 尚利（Shanley）了。

新中国成立初期，中国百业待兴，其中科学、教育迫切需要发展。1950 年，钱令希在《中国科学》第 1、第 2 期上发表了论文《余能理论》。这理论本是德国学者恩格赛（Fr.Engesser）于 1889 年提出来的，但是很长时期没有得到应有的重视和发展。钱令希在论文中论证了余能理论，为非线性问题提供了一个有力的能量变分原理。文中还证明了，不论材料是弹性的还是塑性的，直梁在纯弯曲情况下，一个平截面仍保持为一平截面。长期以来，这本是梁的工程理论中的一个假设，他用余能理论简明地给予了证明。这篇论文开创了中国力学工作者对变分原理研究的先河。胡海昌在其专著《弹性力学变分原理》中指出，是钱令希的论文《余能原理》打响了中国对力学变分原理研究的第一炮。美国麻省理工学院的卞学鐄（T.H.H.Pian）教授于 1963 年提出的杂交有限元（Hybrid Finite Element）就是基于余能变分原理的，成为有限元法的重要流派。杂交有限元后来又进一步发展到基于三类独立变量的弹性力学变分原理。表明钱令希重视从土木结构工程与数学力学基本理论的交叉。

钱令希担任浙江大学土木系教授与系主任时的得意门生之一胡海昌先生，继承了钱令希对变分原理的探索。胡海昌是由钱令希特意推荐给中国科学院数学研究所钱伟长先生处的，给他提供一个做学问的好环境。胡海昌不负众望，率先提出并发表了三类独立变量的弹性力学变分原理，登载于 1954 年的《物理学报》上。日本力学家鹫津久一郎（Washizu）在 1955 年的博士论文中，在卞学鐄教授的指导下也独立提出了三类独立变量的弹性力学变分原理，故被命名为胡－鹫津（Hu-Washizu）变分原理，蜚声世界。三类独立变量的变分原理在有限元理论与技术的发展过程中起到了关键作用。

20 世纪 50 年代初，钱令希根据教学实践，体会到优秀教材的重要意义。他出版的著作《静定结构学》与《超静定结构学》产生了很大影响，培养了一代土木工程师。薄薄两册，以其简洁而富有启发性的风格，严谨而不落俗套的系统，深受读者喜爱。书中有不少是教学过程中师生的心得和研究成果，例如《静定结构学》中的机动分析的通路法、《超静定结构学》中的集体分配法和调整分配法以及空腹桁架分析都是概念比较新颖而又便于工程实用的新内容。当时，结构力学盛行弯矩分配法，他提出的调整分配法，后来被人称为"无剪力分配法"，颇引人注意而得到推广和发展。直到现在，50 年代读土木工程的学生，还常称道这两本教材。但钱令希则说："现在已进入电子计算机时代，这两本教材的不少方法都已过时，不足道矣！"不过，这两本教材在概念上力求深入浅出和在叙述上简洁流畅的风格，还是值得流传的。晚年依然关心高等学校基础课教学改革，86 岁高龄时亲自跟踪了两门基础课工程力学和理论力学的教学过程，并将听课的感受和建议及时反馈给教育主管部门。

钱令希是著名工程科学家。1954 年，他担任武汉长江大桥工程顾问，并于 1958 年参加了南京长江大桥的规划工作。1959 年他还参加了长江三峡水利枢纽的规划会议。中华人民共和国成立后，政府大力兴修水利工程。大型薄壳拱坝是合理且适用的坝型。他对拱坝分析和支墩坝的新坝型有重要贡献。薄壳理论当时还很难用于拱坝分析，国外惯用的试载法又过于繁杂，且结果难于判断。传统中、小型拱坝常用的纯拱法和拱冠梁法略去的因素太多，过于粗糙。钱令希于 1959 年在《大连工学院学报》和《中国科学》上连续发表文章，把拱坝壳体的扭转作用纳入拱冠梁法，虽然增加的计算量不大，但得到的结果更接近于实际，因此这一方法在工程中得到了实际应用。他又提出了一个新型的梯形坝坝型，这是一种介于传统的重力坝与大头支墩坝之间的坝型，可用于高坝建筑。比之于重力坝，它比较经济，且施工中容易散热，坝底浮托力也较小；比之于传统的大头坝，由于它每一坝垛的横截面沿坝高都是等边梯形，截面内没有突变，所以可避免大头坝横截面内在头部可能产生的拉应力。它的最突出的优点是施工方便，混凝土工程可以采取大面积的平面模板，有利于大体积混凝土浇灌，投资也较节省。这个坝型被水利部上海勘测设计院用于浙江乌溪江上湖南镇的水电站建设。该坝高 128m，长 440m，分 22 个支墩，是中国最高的支墩坝，于 1979 年 10 月建成，后来，广西壮族自治区 32.6m 高的龙门坝等也采用了这种梯形坝型。

20 世纪 60 年代初，钱令希在《力学学报》和《中国科学》上发表了关于壳体承载能力的论文，提供了采用能量原理求极限承载能力近似值的方法。1962 年钱令希指出，结构力学工程应用的研究要关注极限分析与应力集中两个方面。1963 年他与助手一起，在《力学学报》发表了固体力学中极限分析的一个一般变分原理，它以假设的速度场和应力场彼此独立变分，以满足极限分析的全部方程，包括材料的塑性屈服条件。变分结果可以给出介于上限与下限极限承载能力的近似解，为塑性力学中的变分原理创出一条新路，引起了人们的广泛关注。以后，助手又把它发展成极限分析新的上、下限定理，并进一步推出了"参变量变分原理"，可应用于弹、塑性接触问题等广大领域。在钱令希倡导的基础上，中国出现了一批有国际影响的变分原理研究成果；其中不少工作是在钱令希研究成果的启发和影响下做出的。

为制定中国潜艇结构的强度计算规则，钱令希承担了锥、柱结合壳在静水压力下的稳定分析的任务。当时，对于这种形状复杂的壳体，很少有参考资料，他和助手们研究了这类壳体的有利和不利形式，并给出相应的理论和算法，成功地应用于中国核潜艇的研制，并被纳入国家设计规范。这项工作和后来发表的论文《潜水耐压的锥柱结合壳的强度和稳定性》获得了 1978 年全国科学大会奖和 1982 年国家自然科学奖三等奖。

1974 年 11 月，大连工学院承担了中国第一个现代化油港——大连新港主体工程的设计任务。其所要求设计的栈桥主要用于承载通油通水的管道和一个车道，将陆地与 1km 外的油码头沟通起来。鉴于荷载分布比较均匀，为节约钢材，再加上工期紧张，钱令希在仔细研究了各种方案之后，认为最优方案是采用 100m 跨度全焊的抛物线上弦的空腹钢桁架。这种桥型以国际上的首创者比利时教授维冷第（Virendeel）的名字命名，30 年代，曾在比利时风行一时，但是，由于当时设计和施工经验不足，曾屡有破坏事故发生。钱令希提出这个方案时，有些人劝他："这种桥型，国内无先例，国外也没有这么大的跨度，还出过不少事故，何必去冒这个风险！"钱令希认真总结了国外失败的教训——节点设计不合理、钢材质量差和焊接技术不成熟。他肯定这种桥型对于大连新港的海上栈桥是十分有利的。他潜心研究，用扬长避短的方法，通过模型试验，找到了以柔克刚的办法来降低节点的应力集中。他认真检验使用的钢材，跑了十多个工厂，组织并培训了优秀的焊接技工，集中了工厂技术人员和老工人的经验，制定了加工程序和海上架桥的方案。接着，钱令希带领他的设计组到工厂和海边工地自始至终地参加了钢梁制造和海上架设工作。这是一个国内尚无先例的成功的工程设计，整个工程仅用了不到一年的时间。它节省材料、受力合理、使用方便、美观大方。栈桥建成之日，那全长近 1km 的 9 跨拱形钢结构长桥飞架在蓝天碧海之间，气势甚是雄伟壮观，赢得了中外工程界的称赞。现在，栈桥已在海上服务了近 40 年，依然完好如初。大连新港工程投产后，仅三年半的时间就收回了建港的全部投资，它每年出口原油占全国总出口量的 90% 以上。这项工作荣获全国科学大会奖和国家 70 年代优秀设计奖。设计小组编写的《全焊空腹桁架钢桥》一书于 1982 年由人民交通出版社出版。

钱令希对倡导和发展中国计算力学起了很重要的奠基作用。他非常重视工程力学与计算技术学科间的交叉。推动中国的力学研究方向走向世界发展的前沿。早在 60 年代初，钱令希就已敏锐地看到电子计算机的应用将会给科学技术带来一场深刻的革命。他带领研究生，共同勤奋学习数学和电子计算机的有关知识，进行知识更新；同时，在力学界竭力倡导把古典的结构力学和现代化的电子计算机结合起来，努力在中国创建计算力学这一新学科。1972 年，在周恩来总理"要搞好基础理论研究"的指示下，中国科学院召开力学规划设想座谈会。钱令希在会上倡导发展计算力学；他还提出力学要越出只进行分析的老传统，还要以综合研究工程优化设计的理论和方法，进一步为工程服务。他指出由于计算机的应用，国外力学分析的新局面已经打开，并且发展迅速，而优化设计亦正在形成气候，中国力学工作者必须迎头赶上。当时，优化设计的理论与方法在国际上有两条途径：一条是依靠数学规划，其理论基础强，并有通用性，但实用比较困难；另一条是依靠一些简明的准则，来指导优化的算法，它便于工程实用，但仅限于部件截面的优化问题，因此有局限性。在这类问题上，钱令希的研究表明，两条途径实际是可以统一的，都可归结到相同的序列线性规划的算法上来。与当时国际上几位前沿学者工作的结论一致。人家已经先行了 10 年，他和同事们进一步研究，在 1978 年发表论文。他们开发了 DDDU 程序系统，得到工程界的应用，也为国外同行重视。这个系统后来有 4 个版本，逐步从研究性的优化程序发展到切实面向工程应用的程序。后于 1983 年发表了《工程结构优化的序列二次规划》一文，找到一条比序列线性规划更为切合实用的途径。

在 1973 年中国科学院力学规划座谈会上，他作了题为《结构力学中最优化设计理论与方法的近代发展》的学术报告，并在《力学情报》上发表，引起了力学界和工程界的关注和响应，推动了工程结构设计与数学理论与方法间的交叉。1978 年，在制定全国力学学科发展规划时，他极力主张把"计算力学"列为力学发展的重要方向之一。他的主张被采纳，并被指定主持了全国力学发展规划中"计算力学分支学科规划"的调研与制定工作。之后，他亲自组织队伍，进行研究与实践，发表了一批论文。1978 年组织了教育部计算力学大会，并会同多个工业部门共同组织了在蚌埠召开的全国计算力学大会，推动中国的计算力学向前发展。1980 年和 1981 年，他在大连和杭州亲自组织了两个全国性的计算力学会议，改变中国传统的力学发展思路，大力进行倡导。1982 年，经第一届中国力学学会理事长钱学森的推荐，大家一致选举钱令希担任中国力学学会第二届理事长。钱学森作推荐时说："钱令希教授紧跟时代的步伐，及时更新知识，走到了前面。我表示十分钦佩！"同年，他还当选为中国高等教育学会副会长。1983 年，中国力学学会计算力学专业委员会正式成立，学科和队伍得到迅速的发展。1984 年，为推动力学与工程结合，钱令希创办了《计算结构力学及其应用》杂志，亲自担任主编。1985 年，他担任编委会主任的《中国大百科全书·力学》卷出版。在钱令希等人的倡导下，中国力学学会直属的计算力学学会现在已成为有重要国际影响的学术团体，并在国内多次举办重大国际学术会议。尤其是 2004 年在北京举办的第 6 届计算力学世界大会（WCCM–6）与会者达千余人，成为国际计算力学界空前的盛会。

1973 年，大连还没有可用自动化语言的电子计算机。钱令希克服种种困难，取得学校的支持，组织一支小分队到上海，结合实际任务开展计算力学研究与应用，并很快取得了一批科研成果。1977 年，他的主要助手钟万飂又带领一批年轻人研制成大型组合结构分析程序 JIGFEX。这是中国计算力学和科技应用软件方面的一项重大科技成果，被广泛地运用到土木建筑、桥梁、造船、航天、机械制造等多个领域。1980 年，钱令希和钟万飂又领导开发出结构优化设计程序系统 DDDU。它把力学概念同数学规划方法相结合，成功地克服了一些传统难点，在火车、汽车、雷达天线等许多工程领域取得良好的效果。当时在实用性上处于国际领先地位。这项成果于 1985 年获得了国家级科技进步奖。其理论成果经进一步发展，再会同程耿东等人的结构优化成果，获国家教委科技进步奖一等奖（1990）和国家自然科学奖二等奖（1991）。钱令希在 1983 年出版的专著《工程结构优化设计》于同年获得全国优秀科技著作一等奖。上述软件及其不断更新的版本，在近二十多年中为中国航空航天事业的发展，打破西方的技术封锁，发挥了无可替代的作用。

钱令希积极开展国际学术交流。1981 年率团赴比利时和英国访问与讲学；1982 年又去美国考察、讲学。同年，他担任了国际著名的计算力学杂志——《应用力学与工程中的计算机方法》（*Computer Methods in Applied Mechanics and Engineering*）的编委。他还多次出访比利时、法国、瑞士和美国等。1981 年，钱令希任第一批世界银行贷款项目专家组副组长，和英国、美国等国知名专家 O.C.Zienkiewicz 等人一同工作，同时进行学术交流，建立起了广泛的联系。1981 年 5 月，钱令希在合肥组织国际有限元学术邀请报告会（由中国机械工程学会和力学学会主办），邀请了 O.C.Zienkiewicz、J.T.Oden、R.H.Gallagher、卞学鐄、E.Wilson 等 8 位当时国际上有限元方面最著名的专家来到中国做报告，国内学者钱伟长、胡海昌、冯康、钟万飂、石钟慈等在会上作了报告，向国外同行展示了中国有限元理论研究及有限元软件在工程领域的应用成果。这极大地推动了中国有限元理论与方法的发展，提高了中国计算力学在国际上的地位。1983年，他在大连主持了中美工程计算力学学术讨论会。1985年6月，在加拿大召开的第十一届国际应用力学大会上，钱令希介绍了中国应用力学的现状和展望，受到各国专家学者的重视和关注。1986年国际计算力学协会（IACM）正式成立，钱令希与O.C.Zienkiewicz、J.T.Oden和R.H.Gallagher等为协会的共同发起人。80年代以后，他的学生进一步加强了国际交流，多次在大连或北京主办重要国际性学术会议，并有更多人成为国际学术刊物的编委、国际学术组织的重要成员和国际大会的大会报告人。其中林少培就是1981年的国际有限元学术邀请报告会（合肥）及1983年的中美工程计算力学学术讨论会（大连）的主要组织者，他现任英国土木工程师学会上海分会秘书长。

1990年5月，钱令希在《力学与实践》杂志上发表了题为《力学与工程》的论文，他以自己的认识和实践谈了力学的渊源和发展动力问题。他认为，力学一开始是物理学科的基础，从基础研究到实践应用，特别是与工程结合后，逐渐形成了应用力学这门独立的技术科学中的骨干学科。它服务于自然科学，但更重要的是为工程技术服务，并且服务对象极其广泛。它发展迅速，分支林立，很难说有人能通晓和掌握其全貌。钱令希是搞土木工程出身的，因此深谙力学与工程的关系。工程需要力学，但自古没有力学家工程也可进行与完成；而有了力学的参与和服务，工程科学就更加灿烂多姿。力学服务要有创造性，更要具体，要以计算和实验定量地回答问题。他说："在学术上，我老是不安分的。"他从没有满意过自己的学识和工作。钱令希正是以这种面向工程的服务精神和锐意进取的努力，在学术上取得一系列成绩，同时培养出一批又一批优秀的力学工作者。

钱令希之"爱才如命"是有口皆碑的。早在他担当浙江大学教授时，他就对两位初露头角的学生——胡海昌和潘家铮悉心培养，他们日后都成为蜚声国内外的科学家。60年代初，他将钟万勰设法从北京调到身边当助手，竭力扶持并委以重任，朝夕相处切磋学问，共同发表了一批颇有影响的论文。"文化大革命"期间，他又在极其艰难的情况下，设法将在沈阳教中学的程耿东、林家浩调回大连工学院，让他们在亟待发展的计算力学第一线拼搏，使他们逐渐成长为承前启后、在国内外力学界有名的人才。在全国教育科研受到"四人帮"严重摧残的年代，钱令希没有灰心。他殚精竭虑，敢为人先，将散布在全国各地、学不致用的学生和力学人才汇聚起来，在大连工学院建立了一支特别能战斗的老中青三结合的力学梯队，带动了计算机在中国工程界的广泛应用，也推动了力学教材面向计算机时代的更新换代，在全国力学界和工程界中都产生了很大影响。粉碎"四人帮"后，中国的计算力学水准并没有落后国际水平太远。这与我们力学工作者在艰难的条件下起步，争取了宝贵的时间，是有很大关系的。钱令希还大力提倡多学科交叉，不拘一格育人才，他推荐他的第一个博士生施浒立再学第二个天文博士学位，在自主创立转发式卫星导航新系统方面做出了重要贡献。而钱令希则始终在幕后默默地耕耘。

钱令希对于新理论、新方法很敏感，尤其是学科交叉，更愿意支持与推动。他在为《计算结构力学与最优控制》作序时指出："力学工作者应首先汲取状态空间法成功的经验，重新认识哈密顿体系理论的深刻意义，以及随之而来的辛数学方法及其对于应用力学的应用。"因此他在大连理工大学带出来一支能不断创新开拓、结合工程应用发挥作用，团结奋斗、持续发展而站在世界力学发展前沿的队伍。

钱令希曾任国务院学位委员会委员，自1956年起他先后当选为政协第二、三届全国委员会委员；第三、四、五、六、七届全国人民代表大会代表。1991—1995年任中国科学院学部主席团成员。1979加入中国共产党。1979年，他被评为全国劳动模范；1980年，又被评为大连市的特等劳动模范。1987年

9 月，他接受以比利时国王名义授予的比利时列日大学名誉博士学位。1994 年香港理工大学授予他"杰出中国访问学人奖励计划"奖；1995 年他获得何梁何利基金科学与技术进步奖。1998 年获陈嘉庚技术科学奖。2005 年，大连市政府为他颁发了"大连科学技术功勋奖"的最高奖——大连市最高科学技术奖。

钱令希主要论著

Tsien L H. 1948. A simplified method of analyzing suspension bridge. Proc. American Society of Civil Engineers (ASCE)，Sept. ； 1949. Transactions，ASCE，114：1109–1158.

钱令希 .1950. 余能理论 . 中国科学，1（2-4）：449–456.

钱令希 .1951. 超静定结构学 . 上海：上海科学出版社 .

钱令希 .1952. 静定结构学 . 上海：上海科学出版社 .

Tsien L H，Hu H C，1952. On the stress analysis of open web trusses. Scientia Sinica (中国科学)，1 (1)：119–131.

钱令希，云大真，朴秀男 .1959. 建议一种新的大头坝坝型——梯形坝 . 大连工学院学刊，（6）：117–141.

钱令希，唐秀近，唐俊，等 .1961. 关于拱坝的计算——考虑扭转作用的拱冠梁法 .Scientia Sinica (中国科学)，10 (4)：449–482.(俄文)

钱令希 .1963. 关于壳体极限承载能力 .1963.Scientia Sinica (中国科学)，12 (4)：495–519.(俄文)

Tsien L H，Tsoon W S，1964. A generalized variational principle for the limit analysis in solid mechanics，Scientia Sinica(中国科学)，13 (11)：1763–1772.

钱令希，唐秀近，钟万勰等.1965.圆柱壳开孔问题——单圆孔基本解.大连工学院学刊，（3-4）：1-28.

钱令希.1973.结构力学中的最优设计理论与方法的近代发展.力学情报，（4）：3-28.

工程力学专业栈桥设计组.1976.大连新港栈桥的全焊百米跨空腹桁架.大连工学院学报，16（4）：43-66.

钱令希，钟万勰，裘春航，等.1979.环肋锥——结合壳在静水外压下的弹性稳定性.大连工学院学报，19（4）：5-34.

Qian L X, Zhong W X, Sui Y K, et al. 1982. Efficient optimum design of structures-program DDDU. Computer Methods in Applied Mechanics and Engineering, 30 (2): 209-224.

钱令希.1983.工程结构优化设计.北京：水利电力出版社.

Qian L X. 1987. New insight into of an ancient stone arch bridge-the Zhaozhou Bridge of 1400 years old. J. Intern. of Mechanical Science, 29 (12): 831-843.

钱令希，王志必.1989.板、壳极限分析和安定分析——温度参数法.力学学报，21（增刊）：118-124；1990. ASME Pressure Vessels and Piping Conf., June, 17-21, Nashville.

钱令希，张雄.1991.结构分析中的刚性有限元法.计算结构力学及其应用，8（1）：1-14. 1991. Asian Pacific

Conference on Computational Mechanics, Hongkong.

钱令希，程耿东，隋允康，等.1995.结构优化设计理论与方法的某些进展.自然科学进展——国家重点实验室 通讯，5（1）：64-70.

Qian L X. 1995. An order-reduction method for extraction of eigenvalues of dynamic systems. Computers &Structures, 54 (6): 1099-1103.

作者简介

钟万勰（1934.02—），1993 年当选为中国科学院院士，计算力学专家，大连理工大学工程力学研究所教授，曾兼任计算机科学与工程系系主任，1986 年任中国力学学会理事、常务理事；国际计算力学协会常务理事。

程耿东（1941.09—），1995 年当选为中国科学院院士，力学家，大连理工大学工程力学研究所教授。曾任大连理工大学校长，中国力学学会计算力学分委员会主任委员。

林家浩（1941.06—），大连理工大学工程力学研究所教授，博导，曾任国家教委科技委员会数理学部成员，中国力学学会理事、高级会员、振动专业组组长等。

钱令希先生年表

钱　唐

钱令希（1916—2009），著名力学家、工程师、教育家。他是我国结构力学和计算力学的开拓者，也是使结构力学与现代科学技术密切结合的先行者与奠基人，在我国的桥梁工程、水利工程、舰船工程、港湾工程等领域都做出了重要贡献。他教书育人，爱护人才，培养出了几代优秀的力学家。

1916 年 7 月 16 日出生于江苏省无锡市鸿声镇的一个书香门第。父亲钱秉瓒（字伯圭）是热心教育和致力救国之士，早年参加辛亥革命，后办学育人。他是钱穆大师的启蒙老师。母亲华开森是无锡荡口人。哥哥钱临照是著名的物理学家，我国晶体范性及电子显微学研究的先驱，曾担任中国科技大学副校长。1955 年，兄弟俩同时入选中国科学院第一批学部委员（院士）。

1922 年，6 岁。入读鸿声小学。

1925 年，9 岁。在附近的梅村镇高小住读。

1927 年，11 岁。在江苏省立苏州中学住读。

1928 年，12 岁。暑期，在胞兄钱临照的辅导下，十月跳级考入上海国立中法工学院（现上海理工大学）高中部。

1932 年，16 岁。以优秀成绩直升上海国立中法工学院大学部土木科。

1936 年，20 岁。以土木科第一名的成绩毕业于上海国立中法工学院。

同年 10 月，得中比庚款委员会的选拔，被保送到比利时的布鲁塞尔自由大学留学。

1938 年，22 岁。比利时布鲁塞尔自由大学研究生毕业，获比利时最优等工程师学位。

同年秋，为抗日救国共赴国难，回国在昆明刚成立的叙昆铁路局任铁路桥梁工程师。

1941—1943 年，先后在川滇铁路公司、云南大学和茅以升领导的交通部桥梁设计工程处工作。

1941 年，25 岁。被聘为云南大学土木系教授。

1942 年，26 岁。2 月在昆明结婚。夫人倪晖是位数学教师，毕业于河南大学。生有一子一女。

1943 年，27 岁。11 月任浙江大学（内迁遵义）教授。

1946 年，30 岁。论文《关于梁与拱的函数分析》获科学奖。

1948 年，32 岁。他的《悬索桥的近似分析》论文在美国《土木工程学报》发表。3 年后的 1951 年，获美国土木工程学会结构力学的"莫采夫（Moiseff）奖"。

1950 年，34 岁。(浙江大学由遵义迁回杭州的第四年)，任浙江大学土木系系主任。

1950 年，34 岁。在《中国科学》发表论文《余能原理》，打响了我国进军变分原理的第一炮。

1952—1979 年，历任大连工学院土木系教授、数理力学系主任、工程力学研究所所长。

1954 年，38 岁。任武汉长江大桥工程顾问，参与桥梁规划、设计和科学研究工作。

1955 年，39 岁。入选中国科学院第一批学部委员（院士）。

1956 年，40 岁起，先后当选为全国政协第二、第三届委员会委员；第三至第七届全国人民代表大会代表。

1958 年，42 岁。任南京长江大桥工程顾问，参与桥梁规划、设计和科学研究工作。

1957 年，43 岁。参加核潜艇结构设计，并解决海军装备的疑难问题。

1959 年，45 岁。在我国长江三峡水利枢纽规划会议上提出了梯形高坝的建议。

1967—1968 年，到庙岭大队巧用力学知识，帮助农民设计不用钢筋的小桥和不用木材的小学教室屋顶。

1969—1972 年，对核潜艇壳体的强度、开孔、稳定进行研究，计算出了我国第一代核潜艇关键技术数据，完成了潜艇结构的强度计算规则。

20 世纪 70 年代初，与有关单位合作解决了我国第一代驱逐舰尾轴振动问题。

1973 年，57 岁。在中国科学院力学规划座谈会上，作题为《结构力学中最优化设计理论与方法的近代发展》的学术报告。

1974 年，58 岁。领导了大连油港海上栈桥（又称鲶鱼湾栈桥）的设计和建造工作，提出建造百米跨度空腹桁架全焊接钢栈桥。

1978 年，62 岁。"百米跨度空腹桁架全焊接钢栈桥"设计在全国科学大会上获奖。

1979 年，63 岁。百米跨度空腹桁架全焊接钢栈桥成功建成。

1979 年，63 岁。任大连工学院副院长。当选全国劳动模范。

1981—1985 年，任大连工学院第二任院长。

1982 年，66 岁。任中国力学学会第二届理事长。

1983 年 6 月，任世界银行第一批教育贷款专家组成员。

1983 年，67 岁。专著《工程结构优化设计》获全国优秀科技图书一等奖。

1983 年，67 岁。创办了《计算结构力学及其应用》杂志，担任主编。

1985 年，69 岁。起任大连理工大学顾问。

1985 年 8 月，担任编委会主任的《中国大百科全书·力学》卷出版。

1985 年，69 岁。国家科学技术进步奖评审委员会授予钱令希的项目"潜艇结构设计计算规则"三等奖。

1985 年，69 岁。国家科学技术进步奖评审委员会授予钱令希、钟万勰、隋允康、程耿东等人"结构优化程序系统 DDDU"国家科学技术进步三等奖。

1986 年，70 岁。国际计算力学协会 (IACM) 正式成立；钱令希与 R.H. Gallagher，J．T. Oden 和 O.C.Zienkiewicz 等十多位国际顶级权威成为该协会的共同发起人。

1986 年，70 岁。发表论文《谈大学教师组织的基本单位——"学术细胞"》。

1987 年，71 岁。获比利时列日大学以比利时国王名义授予的名誉博士学位。

1991 年，75 岁。国家教育委员会授予钱令希科学进步一等奖。

1991 年，75 岁。中华人民共和国国家科学技术委员会授予钱令希、程耿东、隋允康、钟万勰、林家浩及其研究集体"结构优化设计的理论与方法"国家自然科学二等奖。

1991—1995 年，任中国科学院学部主席团成员。

1993 年，77 岁。"钱令希力学奖励基金会"成立，钱令希担任名誉理事长。

1994 年，78 岁。香港理工大学授予他"杰出中国访问学人奖励计划"奖。同年，为《计算结构力学及其应用》杂志创刊十周年撰写《纵观结构力学》。

1995 年，79 岁。获"何梁何利基金科学与技术进步"奖。

1998 年，82 岁。获"陈嘉庚技术科学"奖。

1999 年，83 岁。受聘为"无锡市人民政府高级科技顾问"。

2002 年，86 岁。应吴文化研究会钱镠研究分会邀请，恭录《钱氏家训》。同年起，亲自抓本科生教学工作的质量。

2004 年，88 岁。受聘为无锡市吴文化研究会钱镠研究分会名誉会长。

2005 年，89 岁。获大连市最高科学技术奖"大连科学技术功勋奖"。

2006 年，90 岁。7 月 16 日，全国各地知名力学家 12 人齐聚大连理工大学举办高水平学术报告会，同时，出版《力学与工程应用》论文集。

2008 年，92 岁。当选为"大连市 2008 年文明感动人物"。

2009 年，93 岁。4 月 20 日，因病逝世。4 月 24 日，大工师生及社会各界千余人冒雨出席其追悼会。

2010 年，中国力学学会计算力学专业委员会和大连理工大学"钱令希计算力学奖励基金会"联合设立"钱令希计算力学奖"。

2010 年 2 月，坐落于大连理工大学西校园的令希图书馆正式开馆使用。

2011 年，大连理工大学钱令希力学创新实验班招收首届本科生。

2012 年 7 月 16 日，坐落于大连理工大学令希图书馆的钱令希塑像揭幕。

2013 年 12 月，大连理工大学出版社出版《钱令希传略》一书。

作者简介

钱唐（1948.08—），钱令希之女，在美国著名企业的 IT 部门任职。

第三篇　书礼传家

鸿声先贤钱伯圭

钱志仁

钱伯圭（1883—1947）原名秉瓒，以字行。他是反清建立民国的革命者，热心教育和致力救国之士，对地方和国家建有卓越贡献的鸿声先贤。

书香门第　学者世家

在泰伯至德教化吴文化发祥地的鸿声，居有崇儒尊教、爱国惠民的钱氏家族。仁声远播的钱洪声公认为家族之最重要者，"托祖宗之荫庇，读书起家，光显前人。"于是遗命义田建义庄以赡四茕、设学田兴塾学以训子弟，族中书香氤氲，乡里礼教和谐，潜心读书，彬彬有道，知世泽历久而弥光。亲仁堂的钱伯圭家就是典型的世家。

在今天的《江苏艺文志》上，就记有他家自高祖起，学有所成，著作传世，如：曾高祖国子生吉臣公钱廷枚，著有史部传记类的《列朝祖茔事实录》；高祖冠林公钱煌著有子部儒学类的《辑遗稿文类解新编8篇》；曾祖钱琎，赀赠朝议大夫赏戴蓝翎加二级，所著有《五经钲铨》《关税备要便览》等；

祖父钱钰，一字望屺，诰封朝议大夫赏戴蓝翎加二级，有《韵雪溯源》及《帖括津梁》等；父亲钱宗濂，字念怙，号如水。钦加五品衔，赏戴蓝翎加二级的太学生，学有专成，著有《依韵辨声略及古今字准》《春秋年表》《春秋凡始》《便览春秋》《三名韵编》《四书五经总字韵编》《四书五经别解摘录》《四书五经辨韵摘录》《历代帝王韵编》《历代人物韵编》《历代郡县韵编》《历代古迹考略》《篆文便览》等。如此五代蝉联，均有所著传世至今，亦属罕见。

钱伯圭是全国第一代的大学生。上海南洋公学（交通大学前身）肄业；其弟钱秉璋锡金商校毕业，又是法政讲习所毕业；弟秉瑞是江苏省高等学堂毕业。

其子钱临照、钱令希，都是大学毕业出国留学生、杰出科学家，幼子钱临燕是同济医学院毕业的，医学研究卓越的名大夫，而后第三、第四辈中的教授、学者、专家，不但人数众多，而且品位俱高，更使人们称羡不已。所以说钱伯圭"家学渊源的书香门第"，确是响当当的典型世家，当然也是亲仁堂后裔所以是人才辈出如云的渊源所在。

投身革命　服务桑梓

钱伯圭也是中国第一代的大学生。

中国大学的创办，迟于西方，科学落后不知，犹狂妄自吹"天朝……"。但是自从鸦片战争以后，洋人带着他们的坚船利炮，傲慢地敲开中国大门，道光、咸丰以来，与外人交接，总是失败。当时洋务运动的领袖人物之一盛宣怀，忧心国家的存亡，他之所以热心办学，也是他自己经营事业多年，每看到各项实业的兴办、新政的实施，甚至外交、海关等要害部门都要聘用外人，深深感到中国科学技术的落后是与人才匮乏分不开的。认识到"兴学树人为当务之急"，1895年，他在津海关道任上，就奏准创办了北洋公学，1896年，他又奏准拨轮船招商局银十万两，并集民资若干，在上海的徐家汇路创办了仿西洋一般的综合性大学的南洋公学（即今钱学森、茅以升等就读的上海交通大学）。这一举措，受到有见识的，渴望中国强大富强的人的极大欢迎。

当时，鸿声的钱宗濂就是把钱伯圭送进了南洋公学，要他不忘科学救国，振兴中华。

钱伯圭在南洋公学，接触进步思想，认识到中国之所以孱弱，是清朝政府的腐败无能，在革命思想的推动下，热心参加爱国民主活动。如1902年11月南洋公学爆发了一场反对美国人福开森把持校政而举行罢课的"墨水瓶"斗争，参与的学生后被开除。由此全校群情激愤，钱伯圭等200名参与学生集体退学以示抗议。退学后他直奔湖南长沙，应聘影珠学堂任西算教员。其实，是因为那反抗清政府的革命气氛弥漫扩散全国，湖南长沙地区尤为浓重。留日爱国学生黄兴，1904年和陈天华、宋教仁革命者在长沙成立华兴会（同盟会），原拟定于11月16日在长沙举行起义，但是未发而事泄，该会会员及牵连的人当即被迫疏散逃亡外地，钱伯圭也就由湖南返回了无锡老家。

清政府镇压无效，革命热潮风向四射，钱伯圭回乡后，第一个轰动乡邑的，便是剪掉辫子迎接共和曙光。

清朝末年，革命党人极力宣传剪掉辫子，建立民国。大批青年出国留学，身后的辫子，累赘异常，行动不便，在他国时常为人讥笑、辱骂，受外国风尚的影响，剪辫子热潮尤盛。当时《湖北学生界》杂志就发表文章说："今日的中国，希望变法自强，则必须从剪辫易服开始。"文章提出剪辫易服的好处有八："一是利于变法，二是可以养廉，三是可以强兵，四是可以壮种族，五是便利行动，六是可以振兴工业，七是有助于外交，八是可以弥教案。"剪掉辫子，成为革命行动的一个标志。

辛亥革命的即将到来，令钱伯圭非常兴奋，一回家，就动员全家剪掉辫子，此举也得到父亲宗濂先生的赞同和兄弟的支持。当即全家男丁剪掉了辫子，在乡邑名噪一时。钱伯圭的这一举措，有力地预示革命胜利在即，极大地鼓舞了革命人士。1911年武昌起义爆发，震撼全国，各地奋起响应。无锡的华墨林、秦毓鎏等也率同盟会和无锡商团高举义旗，准备发动。当时11月3日上海起义爆发，5日苏州光复。钱伯圭及其弟钱秉璋与无锡革命人士早有联系，当即赶赴无锡，积极参加了秦毓鎏领导的光复无锡斗争。6日晨，以秦效鲁为首的革命军进攻无锡金匮两县署，将清无锡知县孙友萼和金匮知县何绍闻逐出，罢免清廷各官僚，以及革除沿途厘卡。钱伯圭等他们曾赴京杭大运河的望亭巡检司夺取官印，驱走司官"大人"。同年11月6日，秦毓鎏宣告无锡光复，翌日成立了锡金军政分府。由于钱伯圭兄弟俩在光复无锡中的影响和作用，光复后均被委以重任。钱伯圭任锡金军政分府司法部庶务，从事司法行政工作。1913年被选为无锡县议会副议长，积极参加新政。钱秉璋任军政府四城总稽查官，后又为驻津调查专员等。钱伯圭又任无锡四乡公所委员会委员，鸿声乡镇长。他应锡东环境需要，劝学办新学堂，开创荡口到无锡、苏州的两班火轮；发展水陆交通；积极兴办水利工程，热心里邑文教卫生，弘扬义庄慈善精神，稳定社会秩序，推动经济文化发展。他说服务桑梓，是我的心志！

崇尚教育　院士之父

钱伯圭由湖南回乡时，只是二十余岁血气方刚的青年，他寄希望于教育救国，科学兴国。他参加了1902年在上海成立的中国教育会。教育会强调教育首先就是为了唤醒民众并为他们提供民族生存的手段，中国之孱弱，乃是被奴役人民之弱，办好教育，培养人才，以革命和建设使中国强大起来。钱伯圭虽离开上海，而教育救国的理念强烈震撼于他。1904年，钱伯圭回故乡前曾在长沙、武汉等地办过新式小学，他的回乡正好且是他的舅公华鸿模（字子随）在荡口操办新式小学——果育学堂。因而就被舅公华鸿模聘去襄办果育学堂。钱伯圭在上海，深受西方文化和科技以及新学的熏陶与启迪，思想开明，并有革新精神，同时又在执教上，采用新的教育理念，培养中国的人才。他非常重视科学救国，大力重教劝学。在荡口果育不仅任新课程体育教员，兼充西算及地理教员，教育学生崇尚科学，博学广识。特别是积极运用民主、科学、进步的思想，在政治上启蒙学生。

当时在果育就读的钱穆就对钱伯圭的教学钦佩感恩，直到晚年没齿不忘，把自己之成就，都归功于"实皆"伯圭师启之。钱穆回忆："一日，（钱伯圭）攥余手，问余：闻汝能读《三国演义》，然否？余答然。伯圭师谓，此类书可勿再读。此书一开首即云天下合久必分，分久必合，一治一乱，此乃中国历史走上了错路，故有此态。若如今欧洲英法诸国家，合了便不再分，治了便不再乱。我们此后正该学他们。"钱穆在《师友杂忆》中这样回忆："余此后读书，伯圭师此数言常在心中。东西文化孰得孰失，孰优孰劣，此一问题围困住近一百年来之全中国人，余之一生亦被困在此一问题内。而年方十龄，伯圭师即耳提面命，揭示此一问题，如巨雷轰顶，使余全心震撼。从此七十四年来，脑中所疑，心中所计，全属此一问题。余之用心，亦全在此一问题上。余之毕生从事学问，实皆伯圭师此一番话有以启之。"钱穆又说："伯圭师随又告余，汝知今天我们的皇帝不是中国人吗？余骤闻，大惊讶，云不知。归询之先父，先父云，师言是也。今天我们的皇帝是满洲人，我们则是汉人，你看街上店铺有满汉云云字样，即指此。余自幼即抱民族观念，同情革命民主，亦有伯圭师启之。"

可见，钱伯圭回家乡后的新教育理念的实验，深受师生的拥戴，名闻遐迩，故不久即奉县学宪派为南延乡劝学员，钱伯圭热心教育，教育救国，故在大力劝学同时，在鸿声本乡开设新学堂，1908 年，他和锡金师范学校毕业的钱第蓉和冰贤一起，创办新的学堂——南下初等学堂，即今鸿声小学。兼任校董，筹措款项，添置设备，改革课程，使学堂日臻完备，学生素养提升极快，勤学好学不凡，为地方和国家众多人才奠下了良基。

钱伯圭在教育事业上的成就，功不可没。

在他办教育的那段时间，他的学生为人理念明，学习积极性高，成为国家卓越的人才难以胜数。他培养过的学生中就有院士/学部委员四位：在他执教过的荡口果育学堂，走出了国学大师、"中央研究院"院士钱穆；在他创办的鸿声小学，走出了中国教育部领导、中国科学院学部委员钱俊瑞；在他的亲仁堂的家里就有钱临照和钱令希两位院士。

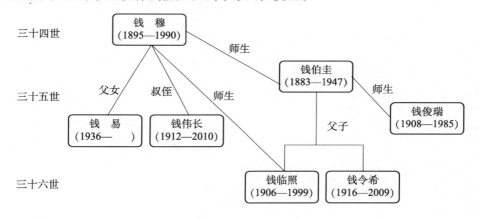

图1　钱伯圭与六院士的关系

用教育救国、科学兴国理念，钱穆勉励儿辈们奋力学好西方先进科学技术。他支持儿子出国求学深造，期待他们成才，为国家民族效劳，有所作为。在钱伯圭的培育与影响下，他的儿辈学习都很勤奋，成绩都是出类拔萃。他的两个儿子——钱临照、钱令希，是名闻神州、扬名环宇的科学巨擘。1955年中国科学院第一次评聘学部委员（院士）时，钱临照和钱令希双双被评选为学部委员（院士），创下了亲兄弟同届入选院士的佳话。综上所述，就以对三院士的影响和启蒙教育，钱伯圭其功岂可没！誉先贤钱伯圭"院士之父"，是哉！当哉！

岁月沧桑，时过境迁，钱伯圭已在 1947 年辞世了。回忆他家亲仁堂的奇迹连连，他一生传奇经历，他对时代的贡献，所建功业的辉煌，实令人缅怀、遐思、敬佩。故特撰此文以志纪念！

作者简介

钱志仁（1936.02—），原无锡市厚桥中学高级语文教师，无锡市吴文化研究会钱镠研究分会副秘书长。

铭记先祖遗训　建设美好生活 *

钱志仁　钱文浩　钱　煜

我们是幸运的。我们出生在诗礼传家、名人辈出的钱氏家族。

我们是骄傲的。我们有着异常睿智的先祖。在天下大乱的五代时期，我吴越始祖钱武肃王"一剑霜寒十四州"，所创的吴越国独治东南一隅。武肃王的安民、恤民、爱民、福民国策，为吴越大地经济发达、文化繁荣、苏杭人间天堂，奠下了良好的扎实的基础，他的功绩彪炳千秋，名垂千古。所以，他的"钱王陵"至今仍巍巍屹立，并被辟为培养青少年的爱国主义教育基地，在 21 世纪的今天，依然不断地在做出贡献！

我们是富有的。我们拥有一份珍贵的遗产——钱氏家训。它是我们钱氏家族人才辈出的传家之宝。

钱姓家族虽然在人口总数上排在百家大姓的后排（位居第 89 位），但在人才资源上，不输大姓，尤其在文学、科学和医学领域中表现更为突出。民国时出版的《中国人名大词典》，收入了钱姓历代名人 310 名，占名人总数的 0.62%，排在名人姓氏的第 26 位。而在当代，钱氏名人越发受人瞩目。在无锡网的"无锡名人录"的 158 名人榜上，无锡钱氏名人就有 18 位之多，占

---

* 本文为2003年9月21日在浙江临安举办的"海内外钱王后裔座谈会"上的发言。

11%，远远高于其他姓氏。（注：钱氏的人口虽在无锡市各姓氏中排名第 15 位，而它的名人数量却占了无锡市的第一位。）并且在无锡众多出类拔萃的钱氏中，不少人是具有世界影响的，如中国"三钱"之一的钱伟长，文化昆仑钱钟书、史学泰斗钱穆、用兵如神的名将钱树根、海外赤子钱天闻，两院的院士就有 9 名之多，担任高等学校领导的也特别多。

钱氏名人及名人效应已引起了社会的极大关注。在 2003 年江南大学特为钱伟长九十寿辰举办的"钱伟长教育思想学术研讨会"上，有专家就提出了"无锡院士多，钱氏院士多"的"两多"专题。无锡钱氏名人多的现象引起了许多人的研究兴趣和深思。

专家们认为家族的兴旺，除了特定的社会大环境，如良好的自然条件、稳定的社会局面、繁荣的经济形势以及良好的文化氛围等共有因素的促成外，还由于各家族的家风、家学、家教、家族文化氛围等特定个性因素对后代的熏陶，因而造成家族间的各种差异。其影响是很大的。

无锡市政协副主席、原来市委的宣传部长宗菊如同志就持这样的观点。他在《关于无锡名人研究的几个问题》一文中多次提到钱氏的名人效应。并在"无锡名人的成因"一节中，提出了钱氏的家风和家教是一个重要的因素。他说："凡是成为历史上名人的家庭教育，一般说来，都是非常严格的。无锡的钱氏出了许多有名望的人才，仅科学和文化界的，就有国学大师钱穆、文学大家钱钟书、科学家钱伟长、钱钟韩等。为什么能出这么多名人？中科院院士钱钟韩说过：'我们家代代克勤克俭，历来要求严格，或许受祖辈《家训》的影响吧！'历史记载，钱氏远祖五代时吴越王钱镠非常重视家教，他临终前曾向众多子孙提出十项要求，所以钱氏祖辈德才教育极为严格，一丝不苟，竭尽全力培养子孙，即使在生活贫困的境遇下，也不改变。名人的家教不仅重视文化知识的教育，更重视道德品质的教育。从小就养成热爱祖国、自强不息、艰苦奋斗等可贵品格……"

的确如此，钱氏家族历来就很重视家风建设。对子女的教育、期望值都是不同一般。武肃王钱镠身体力行，树立了楷模：他事母极为孝顺，身为国王还背负母亲上楼，虽晚年治文终至能与诗人对和；他对儿孙很为严格，先为钱氏子孙制订了《武肃王八训》，后又有《遗训（十条）》。教诲子孙"忠君报国，勤政爱民"。并再三叮咛："倘有子孙不忠不孝不仁不义，便是坏我家风，须当鸣鼓而攻，千叮万嘱，毋负吾训。"代代相传，蔚为家风。

钱钟韩教授所提到的"家训"，指的就是钱氏家谱上的《钱氏家训》。是钱氏家族后人根据武肃王遗训和各代祖先的家箴、家规整理而成的文本。为广德钱文选先生采录于民国十四年（1925）初版的《钱氏家乘》，而在无锡光绪年间出版的《堠山钱氏宗谱》就已有所载。

这份《钱氏家训》，全文分个人、家庭、社会、国家四个部分，从个人的修身、家庭的治理、社会的处世到为官治国等方面，教育子孙、勉励家人，走好人生之路。

"个人"一章讲自我修身，教育子孙修身要严谨：要严于责己、宽以待人。"心术不可得罪天地，言行皆无愧于圣贤"；"曾子三省勿忘，程子之四箴宜佩"；"持躬不可不谨严，临财不可不廉介，处事不可不决断"。要瞻前顾后，特别要勤读史书。"读经传则根底深，看史鉴则议论伟；能文章则称述多，蓄道德则福报厚。"

"家庭"一章讲理家之则。教育家人治家重在孝、爱。对祖宗要崇敬、对父母要孝顺，对家人要和蔼，对子孙要慈爱，对家族要关爱。叮嘱家人"祖宗虽远，祭祀宜诚；子孙虽愚，诗书须读"；"家富提携亲族"，"岁饥赈济亲朋"；要"勤俭为本"、"忠厚传家"。

"社会"一章讲为人处世。教育家人为人要正直正义，处世宜讲诚信。

应"信交朋友，惠普乡邻，恤寡矜孤，救济阙急，排难解纷"，做到"私见尽要铲除，公益概行提倡"。特别要谨慎处世："小人固当远，断不可显为仇敌，君子固可亲，亦不可曲为附和。"

"国家"一章讲治国之道。教育家人为官要勤政爱民。做到"执法如山，守身如玉；爱民如子，去蠹如仇；严以驭役，宽以恤民"。"利在一身勿谋也，利在天下者必谋也；利在一时固谋也，利在万世者更谋也"。要谦恭持正，懂得"庙堂之上，以养正气为先；海宇之内，以养元气为本"。谨记"务本节用则国富，进贤使能则国强，兴学育才则国盛，交邻有道则国安"。以强国安邦富民为己任。

家训，本是传统宗法社会，父母用以垂训子孙的立身治家之言。综观古代家训，绝大部分的家训虽是以中华民族传统美德为主线，但也因为家训又是社会意识形态在家庭领域和家庭关系上的体现。受时代影响，所以或多或少地存在着一些封建糟粕和消极因素。其中比较突出的是宣扬生死有命、富贵在天的天命观思想，宣扬明哲保身、乐天知命的封建士大夫思想，宣扬君为臣纲、父为子纲、夫为妻纲等封建纲常思想和封建宗法思想，宣扬循环报应福禄前定的封建迷信思想等应当加以批判和摈弃的糟粕。然而虽也诞生在古时钱氏家族文人之手的《钱氏家训》，却看不到三纲五常、男尊女卑和宿命论等糟粕所在。而且如果对照 2001 年国家公布的《公民道德建设实施纲要》的内容要求，可能还找不到有何不当之处，更不用说有所相抵牾之处。不少读过这份《钱氏家训》的人，都觉得此家训所述内容对今人还是大有裨益！这不令人拍案称奇叫绝！

这份《钱氏家训》，不但言简意赅，内涵丰富；而且骈偶散用，文采斐然；读来朗朗上口，易懂易记易行；对后人具有十分生动的教育作用，对家族后裔的成长更具有非常重要的指导意义：她教育我们要学会生存、学会认知、学会生活、学会做人，她训示后裔一定要做一个真正的大写的中国人。

正是因为如此，我们特恭请了钱氏英才、全国劳动模范、中国科学院资深院士、原大连理工大学校长、八十八高龄的钱令希教授亲笔书录，镌石勒碑于无锡钱王祠院内，供钱氏后人瞻仰学习，以弘扬我钱氏家风，也让来祠参观者品赏以获得启迪。这次我们三人特地印制小样条幅分赠各位，请各位带回家，以勖勉子弟铭记先祖遗训，增强个人素质，提高生命质量，建设美好生活，以争取我们钱氏家族为社会、国家、人类做出更大的贡献！

作者简介

钱志仁（1936.02—），原无锡市厚桥中学高级语文教师，无锡市吴文化研究会钱镠研究分会秘书长。

钱文浩（1956.11—），江苏教育学院高级实验师，南京四寰合成材料研究所所长。

钱煜（1943.09—），无锡吴文化研究会钱镠研究分会副会长，钱穆、钱伟长故居纪念馆馆长。

兄弟院士出自鸿声镇

钱志仁　钱维均

钱临照、钱令希兄弟院士出生于江苏省无锡市鸿声镇（今为新区鸿山街道）的书香之家。该镇钟灵毓秀人杰地灵。两千多年前三让天下的为孔子赞扬至德的泰伯，开创吴文化，诸多先贤如梁鸿等居身鸿山，人才荟萃。一方水土养一方人，钱氏家族自浙水移居此地后，受吴文化熏陶，也是名人辈出，如：古进士户部郎中钱荣，文豪钱肃润，受旌善士的钱惟常，有流传民谚称"困欲拯，乞二清"的钱清；近现代这里相继走出 6 位院士 / 学部委员，如：国学大师钱穆、物理学家钱临照、力学家钱伟长、力学家钱令希、经济学家钱俊瑞等多位中国近现代史上的著名人物，被誉为"院士之乡"，名闻海内外。六院士 / 学部委员中有两位是同出一门的亲兄弟——钱临照和钱令希。

鸿声钱氏　书香氤氲

无锡钱氏出自浙水五代十国时的奠基"上有天堂，下有苏杭"的吴越王钱镠，先是他的第六世孙宋承奉郎钱进（忠献王钱弘佐后），祖荫授西京安抚使，无意于仕途，辞不受，于北宋时宋真宗大中祥符年间，迁隐无锡太湖之滨沙头村（今无锡新区南方泉镇），爱湖滨山明水秀，辟田开产，而占籍于彼。由此无锡始有钱氏家族——无锡湖头钱氏。尔后，南宋宝庆元年，武肃王钱镠十一世孙钱迪（忠懿王钱弘俶后），因慕无锡湖山风景秀丽，于宋理宗宝庆元年（1225年）从吴兴迁居梅里堠（今作"吼"）山（今锡山区查家桥），是为钱氏堠山支开族祖，彼此系是同宗不同支，亲密异常。两支钱氏后裔日旺，衍而全邑及至吴县、武进、常熟、常州等邻邑，乃至海内外，枝繁叶茂。在明代，湖头支十传而至编修无锡钱氏第一部家谱的文林公钱恒，其子梅堂公钱发奉父移居瞻桥，耕读传家，博雅孝义。特别是尚善乐施，深得民心。梅堂公生三子：长名钱种德惟常公，次名钱顺德惟孝公，幼名钱正德惟义公，谱名文林三德支。奇就奇在现今鸿声六院士/学部委员，全是三德兄弟的后裔。

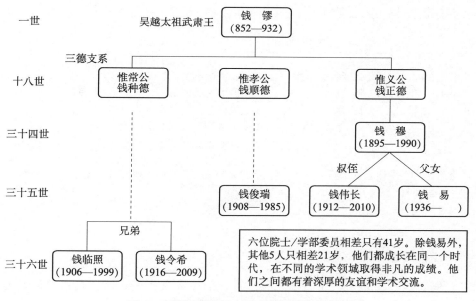

图 1　啸傲泾畔钱氏六院士/学部委员亲情关系

鸿声原名啸傲泾。武肃王二十四世钱国耀在"前明万历年间赘于啸傲泾金氏；遂世居焉"（《钱氏家谱》）。二十八世维铺，字洪声，"家业炽昌，仁声远播"（见家谱）。晚年为赡族、惠民，办学、行善，欲效范公志建义庄，并遗命倡建。子妇杨太孺人与孙媳周氏为遂维镛之志，筹资捐田于庄东，建起无锡的第三所义庄——钱义庄。赡族恤民、办学育才，办得特有成效，获省提督、巡抚、学道等三院给匾额奖励：督额"节义同风"；抚额"高义双美"；学额"苦志敦伦"（见家谱）。并给帑建坊，旌节姑媳同崇祀节孝祠，事迹纂入邑志。乡民口碑甚佳，于此以洪（鸿）声之名替代啸傲泾。维镛（鸿声）一子四孙，即三十世时的卫封公钱世楷的五房、季荣公钱世模的六房、赓飏公钱世楠的七房和吉臣公钱廷枚的八房，建有整齐的煊赫宅邸。即尔后形成鸿声镇的一字大街。鸿声钱氏，书礼传家，代有人才。兄弟院士属鸿声八房亲仁堂，崇儒读经，早年家设读书处，"世守一经，家传万卷"（家谱《读书处记》）先祖五代学有所成，皆有著作传世（见表1），实属罕见。不仅家谱有载，且有今天的《江苏艺文志·无锡卷》可稽。兹将七代情况简介如下：

表1 鸿声钱氏古代世次姓名及主要传世著作

世次姓名	主要传世著作
武肃王 30 世 吉臣公钱廷枚太学生	《列朝祖茔事实录》《钱氏传芳录》
武肃王 31 世 冠林公钱 煌	《辑遗稿文类解新编（八篇）》
武肃王 32 世 景崧公钱 璀	《五经证铨》《关税备要便览》等
武肃王 33 世 望溪公钱 銛太学生	《韵学溯源》及《帖括津梁》等
武肃王 34 世 念怙公钱宗濂太学生	《依韵辨声略及古今字准》《春秋年表》《春秋凡始》《便览春秋》《三名韵编》《四书五经总字韵编》《四书五经别解摘录》《四书五经辨韵摘录》《历代帝王韵编》《历代人物韵编》《历代郡县韵编》《历代古迹考略》《篆文便览》等

作者简介

钱志仁（1936.02—），原无锡市厚桥中学高级语文教师，无锡市吴文化研究会钱镠研究分会副秘书长。

钱维均（1938.09—），无锡钱氏功能塑胶公司总工程师，教授级高工，无锡市吴文化研究会钱镠研究分会会员。

附　　录

钱临照自传

钱临照

家世

我于 1906 年 7 月 9 日出生于无锡县鸿声里镇。父字伯圭，曾入上海南洋公学（今上海交通大学前身）读书。时值清季，革命思潮汹涌，因反对美国人福开森把持校政而举行罢课，学校停办，乃回乡举办鸿声小学。辛亥革命前夕举家即剪辫子为乡里倡。母华开森，荡口镇秀才华晓兰之女。

受教育

6 岁入小学。在高小时受语文老师钱穆教诲，杂读曾国藩家书、王阳明理学文章。时五四运动初期学习写白话文。钱穆治历史，重考据，我晚年喜治科学史，恐不自觉地受其影响。

1920 年入无锡荣氏私立工商中学习工科，与志趣不合。1922 年去上海投考大同学院，此为家父在南洋公学读书时同学胡敦复兄弟所创办，有中学、大学两部，不设年级，但计学分，授课中我得益最多者，数学教师有吴在渊、胡明复、朱公谨，物理教师有胡刚复、严济慈、阮志明，化学教师有曹梁厦，外语教师有胡宪生、叶尚之、胡卓，人文科学教师有胡敦复。

在东北大学

1929 年大同毕业，先后在广东兴宁县高级中学、上海某私立中学任教，一年后得机会去沈阳东北大学物理系任助教，教学工作之外在阮志明、卞彭两教授指导下完成当时认为难度较高的物理实验：密立根油滴实验、波长为 2m 的无线电短波实验。这是 1930 年的事，当时沈阳地处东北边陲，购置科学器材十分困难，实验室工作是利用一些废旧材料和零件及一架自己动手拼凑的小车床而完成的。工作虽艰难，但动手动脑，得益不少。

在北平研究院

1931 年 9 月 18 日，日寇侵略我国东三省，东北大学暂时停办，师生被迫入关，一时流离失所，彷徨无据。适北平研究院物理研究所成立，严济慈任所长。时助理员编制 4 人已满，所长破格录用我，不久有 1 人离去，乃得转正。自 1931 年冬至 1934 年夏不足 3 年间，在严济慈指导下，我开始进入科学研究工作，在此期间我完成了两项工作：一是压力对照相乳胶的感光作用，二是水晶圆柱体在扭力作用下产生电荷及其电振荡的研究。这是压电水晶研究的继续。

照相乳胶的感光作用虽已普遍应用，而感光机理尚有待深入了解。从我们上述实验发现，一般商用照相乳胶片在压力下用一定强度的光照射，它的感光黑度减弱了，减弱程度随光波变短而递减。感光材料中的晶粒何以能感光？晶粒在压力之下遭到一定程度的破损，也可以说晶粒有了某种缺陷，晶粒如何减弱感光性能？当时对晶体缺陷缺乏知识而未能深入研究，继续深入上述实验或能回答以上问题，对感光材料之能感光有所裨益。

在从事压电水晶研究工作中，我学习磨玻璃，试做简单光学器件。

"九一八"事变后，敌寇日亟，战事频仍，青年科学工作者有意学习一门有益于国防工业的技艺为来日用。当时我国还没有国防光学工业，即常见的望远镜、显微镜还不能自制，全凭进口。我选择了学习磨玻璃，虽一人摸索，技术进步不大，而乐此不疲。

北平研究院物理研究所初创时期经费短缺，研究人员极少。诸如图书室管理、木工、金工场的建立莫不由我们4位助理员分担。领导有方，上下一心，大家努力工作。1931年至1937年7载之中物理所在严济慈领导之下助理员前后12人，其中得出国深造机会者9人，平均在所工作者每年不出四五人。1937年日寇在卢沟桥发动"七七"事变，全国抗日战争事起，北研院物理所南迁昆明。

在国外的科研工作

1934年夏，我在北研物理所工作3年不足，适有中英庚款董事会招考第二届去英国留学的机会，我报名投考，幸运地被录取。是年8月和同届录取诸君共26人浮槎西航。同届物理学科录取者有李国鼎、朱应铣两人。抵英后李入剑桥，朱入伦敦帝国学院，我乃投伦敦大学学院，从 E. N. da C. Andrade 教授工作，与教授第一次谈话，即申述愿多学习、多接触各种科研工作，以增进多种知识。该实验室前任教授为 W.H.Bragg，时任教授也从事固体物理学及流体力学。我的第一个工作即为完成从国内携去的水晶圆柱体在扭力作用下产生电荷的工作。在国内已完成实验工作，证明空心圆柱（柱轴垂直于 Z 面）内外面的电荷异向。我在国外应用 Voigt 的压电普遍理论证明中空水晶圆柱体在扭力作用下产生电荷也是压电现象之一种形式。次之，中空圆体表面上所产生的电荷分别比例于内径平方与外径平方，从此得到一个重要结论：中空水晶圆柱体在扭力作用下产生体电荷。这个结论是该工作的重要收获。

结束水晶压电的工作，教授给我有关流体力学的课题，这是一个他从事多年的老课题。说来很简单：一个横向浸没在水槽里的水注，当水压不高时，从水注流出的水是平稳的层流，而当在室内有个声频发生器发出某一频率的声频时层流变成湍流。这一问题我以极短的时间解决了。为什么教授误把这一现象作为神奇而数年不得解决？原因是教授将这工作交付一位虽有技术而缺乏物理素养的实验员，长期不得解决。我由此得到启示，实验工作必须亲自过问。随后，教授要我测定水注层流横截面各点的流速分布。沟道中层流横截面的流速分布是个经典问题，早已见诸教科书，而水注在水中的流速分布却是个新问题。实验并无大难度。翻读文献，恰巧 1933 年 R. Schlichting 发表一篇理论文章，他按照边界层理论，不计水流横向加速度，从而得出以水注口为起点水流的纵向和横向流速。我们的实验数据在雷诺数 800 以下，与上述理论计算吻合。论文讨论了水注的动量、水注的有效源头和水注的动能，对 Schlichting 的理论提出商榷。这工作在不长时间内结束。原拟提高雷诺数以研究从水注发出的湍流，因我对流体力学的兴趣不高，工作到此为止。

结束以上两个工作后，教授要我自行选题了。

在自行选题过程中，我回忆起在 20 年代和 30 年代初物理学界在固体物理方面有两大方向：一是晶体结构，它是那时已比较成熟的学科，另一个是固体强度问题，即实际强度远比理论强度为低。近 20 余年众多固体物理学家的实验与理论，对此问题尚未得到解决。1934 年秋我初到英国，正值纯粹与应用物理学的国际会议在伦敦与剑桥两处召开。我对固体物理特别感兴趣。固体物理的议题有二：一为真实晶体与理想晶格结构之间的差异；一为晶体的范性与应变硬化。实际上这两议题就是讨论固体力学强度。当时在会议中宣读论文者有 P. P. Ewald, A. Joffe, E. Orowan, A. Smekal, W. G.

Burgers，E. Schmid 等，参加讨论发言者有 W. Bragg，J. D. Bernal，C. H. Desch，E. N. da C. Andrade，H. J. Gough 等人。我又忆起亦在 1934 年即在我初到伦敦之时，G. I. Taylor，E. Orowan，M. Polanyi 3 人不约而同地在英国和德国的学报上各自提出晶体中包含某种微缺陷来解决固体力学强度问题，这种微缺陷的组态即今日所悉知的位错。1934 年这两件事影响我以后从事固体中微缺陷研究的道路。

我所在的伦敦大学学院物理实验室有长久从事晶体范性研究的历史。早在 1914 年 Becker 无意中观察到钠块上有鱼鳞状的花纹，当时 W. Bragg 指出这可能是晶体内在结构的某种表象。在我到实验室时，见到有两位研究生在做汞晶体的范性形变的研究。显然，晶体的范性形变是研究晶体力学强度的第一步。我就选择范性形变作为研究固体力学强度的开始。

选择哪种晶体作为我研究范性形变的对象呢？纯金属晶体滑移方向一般在原子最密集方向上，而滑移面则不然。面心立方晶体的滑移面在原子最密集的 (110) 面，而体心立方晶体则不然，众多的实验有不同结果。这是当时在晶体范性形变工作中尚未解决的问题之一。总结前人在 α 铁、β 黄铜、钨的范性形变来看，我们猜测金属的熔点和形变时的工作温度或许影响体心立方晶体的滑移面的选择。于是我选择了低熔点的碱金属钠、钾为工作物。结果它们在室温时的滑移面都是或接近 (123)。接着选择熔点高达 2 630℃ 的钼为工作物，实验温度为 20 ～ 1 000℃，得出结果：钼的滑移面在远离熔点时为 (112)，在高温时为 (110)，两者都远离 (123)。这一工作得到后来和我共同工作的周如松的协助。周又独自完成在低温 –82℃ 和 –185℃ 观察钠晶体的滑移面，得出结果分别为（110）、（112）。至此明白体心立方晶体的滑移面随它的工作温度与熔点之间的关系而变更。Andrade 随后归纳钠、钾、钼 3 种体心立方金属晶体的滑移面可以 θ [滑移工作温度 / 金属的熔点（绝对温

度)] 的大小来区分，Θ 小于 0.24 时滑移面为 (112)，依次 Θ 在 0.26 与 0.50 之间，滑移面为 (110)，又次之，Θ 在 0. 80 则为 (123)。这个规律也适用于钨、β 黄铜。换言之，在这些晶体中形变温度相对于晶体熔点的绝对温度之升高，滑移面之间距增大。这是当时对体心立方晶体滑移面规律的最完整总结。

在研究钠、钾、钼的范性形变工作中，观察到晶体在拉伸过程中劳埃斑出现不连续的星芒，说明晶体在形变过程中分成细粒。晶体的硬化是和不连续的星芒密切关联的。

在这期间，除了上述 4 项工作之外，还在做钠晶体的范性形变工作中，偶然间发现钠蒸气对硬玻璃的表面浸蚀可以产生 Giffith 微裂缝，而氢氟酸则不能。文章指出炽热的钠蒸气可做玻璃结构的研究。20 年之后美国的 A. S. Argon，J. E. Godon，F. M. Ernstherget 等人分别就此问题继续做研究。

总结我在这时期 3 年的科学研究工作中，换了 3 个课题，发表了 5 篇论文。在我出国之前已做好打算，要多学些东西，接触更广泛的研究课题。想到当时国难临头，一个物理学工作者应在应用技术方面也能学习一些东西。我选择了应用光学，从磨玻璃、设计镜头入手。我在暑假中通过关系在伦敦一家有名的光学工厂 Adam Hilger 学习磨玻璃技术两次。1935 年与 1936 年两年的暑假就在 Adam Hilger 的一座设有磨玻璃机床的小楼中度过。光学部件的制造是一项极为精密的加工技术。我在那里，从工人师傅手里学会了用 Twyman-Green 干涉仪来修补光学部件中的缺陷的技术，这项技术是该工厂特创的，在那年代，别的工厂是没有的。

光阴荏苒，1937 年春，在钼单晶范性研究即将完成之际，教授对我说，可将水晶、流体力学、体心立方晶体的范性形变 3 项工作总起来写成论文即可答辩。但那时我心中压抑着出现在这个实验室中的一件不平常的事：和我同在这一实验室的有位印度学生，他比我早来，工作很好，3 年期满，他自动提出申请答辩，不知何故被教授拒绝了。印度同学受此打击，以至伏在实验桌上哭泣。我认为这是欺侮殖民地人（那时英国人对殖民地人在有意无意中有此意识），那时我即意识到我国也处于半殖民地状态。此事触动了我的自尊心，我暗下决心，不拿殖民者的学位，因此我婉言拒绝了教授要我答辩，但我没说出我心中的话。教授觉得奇怪，写信问介绍我来这实验室的严济慈所长，严来信问我，我据实以对，并说我愿回国后拿中国的学位。可惜那时我国尚无学位法。直至今日，80年代我国才颁布了学位法，而今我垂垂老矣，忝为人师，做博士研究生导师了。自1937年4月离伦敦，伦敦大学赠我 Carey Foster 奖，而我已去欧洲大陆，授奖仪式，我并未参加。事后，寄来证书1纸，书3册，其中有牛顿的《原理》1本，弥足珍藏。

抗日争时期，昆明八载的科技工作

1937年夏我在柏林，原想随 E. Schmid 继续做晶体范性研究工作，"七七"事变骤发，即奉命返国，时北平已沦敌手，冬奉命去北平设法将北研院物理所仪器运往昆明。次年夏去昆明。抗战8年中我是在昆明北郊黑龙潭北研院物理所工作和生活的。

在这8年里，工作条件艰难，生活困苦，自不待言；然而我们大家努力工作，值得回忆的有几件事。我以往有志于应用光学，在国外学习了一些光学设计和磨玻璃技术。在所长严济慈领导下我和林友苞、钟盛标等人建立一个小型光学车间从事显微镜、水平仪等光学仪器的小规模生产。在制造显微镜物镜中遇到一个问题，必须有能测数毫米或更小的曲率半径球径仪。当时昆明和外界几乎处在隔绝境地，无法获致。我应用自准直原理以一架普通的游动读数显微镜成功地设计出来，满足了这个需求。中华人民共和国成立后，建立许多光学仪器厂，我这个设计为他们所采用。就这样，这个光学车间生产了一批包括有油浸物镜的高倍显微镜，供测量用的水平仪，供抗战后方教学、医学和工程建设用。这些仪器的金属部分则是由别的工厂制造的。假使我们这一点工作对抗战后方做出了些许贡献，那也是不足称道的。今天把它记在这里，只是说中国科技工作者是有良知的。

北研院物理所原有压电水晶研究的基础。在抗战期间，钟盛标继续研究水晶浸蚀图像，而他的兄弟钟盛森则辛勤地磨制出批量的控制无线电波频率的压电水晶片，除本国应用外，还通过渠道支援了盟国。

上述有关技术人员连同设备在中华人民共和国成立后都调整到有关专业研究所和工厂。

在昆明期间，我在基础研究方面做了光谱精细结构工作。前人已做了不少光谱谱线的精细结构工作，我所用的仪器就是 Twyman-Green 干涉仪，只在 45° 半透明反射镜与全反射镜之前插入一枚三棱镜，当有两条相邻的谱线入射到此干涉仪中，适当转动棱镜就可得到两组干涉条纹交织成的机械干涉条纹，也称水纹图形。试图观察汞灯与钠灯的黄色谱线获得各自双线的机械干涉条纹，通过理论计算可求出构成谱线的双线波长各自倒数之差。两波长之差大则用色散较小和折射角亦小的棱镜，反之两波长之差小则用色散较大和折射角亦大的棱镜。Twyman-Green 干涉仪有多种用途，而为分解谱线作为研究精细结构之用，这项工作在那时之前所仅见。

1939 年聚集在昆明的中国物理学会会员定期举行学术报告会。我在会上作了两次报告，题目为"晶体的范性与位错理论"。按照 1934 年 G. I. Taylor 发表的位错论文我作了详细介绍，这是位错理论在中国第一次的介绍。

1945 年抗日战争胜利了，我加入中央研究院物理研究所，就开始制造金属单晶体，设计一架高灵敏度的拉伸机（能测出 10^{-5} 的应变量），作为研究金属单晶微形变之用。

50 年代在物理所

1949 年中华人民共和国成立，中央研究院物理所、北平研究院物理所归并到中国科学院物理所，我从此开始新的工作。北研院的水晶工场移交军事通信部门，光学工场移交新成立的中国科学院长春科学仪器馆（后改名为长春光学精密机械研究所）。我就在物理所从事金属物理的研究工作，进行金属单晶的范性研究，1956 年完成了锡单晶的微蠕变、铝单晶表面上刻纹所导致的滑移特征两个工作。

中华人民共和国成立前我国没有电子显微镜工作，但广播电台进口了一台英国制造的电镜，我们接收过来。50 年代初年，我们又获得德国蔡司制造的电镜，是静电镜式的。两架电镜都归物理所，可称富裕，但两架的分辨本领都在 100 A 左右。我就用它来观察铝单晶的滑移带的精细结构。以上这段时期的研究工作是和何寿安、刘民治合作的。关于预形变对铝单晶范性研究是和苏联专家华西列夫和杨大宇合作的。

位错理论是解决固体力学强度问题的重要途径，位错又是晶体中主要缺陷，它可以影响固体的其他性能。位错理论 30 年代发源于英国，成熟于 40 年代末，到 1956 年英国剑桥发表两篇论文，展示在电镜中所见到的位错，和 1934 年 G．I．Taylor 的理论模型一致。我国接受位错理论比较晚。1939 年我在昆明作过一次介绍，50 年代初期我们受苏联一派学术界的影响没有能在学校中、研究所中讲授位错理论，直至 1959 年，我们才在物理所内开始写讲义，讲授和讨论这个已在国际上得到普遍承认的学说。随后发起两次全国性的晶体缺陷和金属强度的讨论会，一次 1960 年在长春，另一次 1962 年在沈阳。我和杨顺华合写一篇 10 万字的《晶体中位错理论基础》一文在会上报告。冯端作了"位错的弹性理论"报告。其他论文有赖祖涵的《小角度晶粒间界的位错模型》、吴自良的《点缺陷与位错的交互作用》。我还和几位同志介绍了"晶体中位错的观测"。上述报告与论文其后汇集起来作为 1960 年固体物理理论学习报告汇编的《晶体缺陷和金属强度》上册,由科学出版社出版。从此位错理论在中国生根、发芽并逐渐为人所接受。

1955 年我被选为中国科学院数理化学部委员(现改称院士),同年参加科学院召开的全国科学技术 12 年规划会议,会议长达 1 个月,这是新中国成立以来第一次科学规划会议。

60 年代在北京

1960 年,物理所的金属物理实验室调整到沈阳,加入金属研究所。我则被告知去中国科学技术大学任教,物理所仍聘我为兼任研究员。当时我拟了两个课题:一是研究金属晶体自室温到低温滑移带的动力学;一是铌三锡超导材料的晶粒度减小可以提高它的临界磁场。前一课题和我一起做的助理研究员在"文化大革命"中被迫害而死。后一课题和我一起做的是李宏成,在当时是低温研究中的新课题。两个课题都因"文化大革命"而中止,所得部分数据也毁于"文革"抄家之中。顺便提一提我在"文革"之中的遭遇,"十年动乱",两次被抄家,蹲"牛棚"1 年,被审查前后 5 年,直至 1976 年 10月"四人帮"下台,全国欢腾。

60 年代中我和李四光一段学术交往值得一记。1950 年李初从国外回来住北京遂安伯胡同,有缘相见,出示一弯曲石砾,他说这块石砾在地球内部受高温高压所致,石砾表面有纹理可证。问我在实验室中能重复做到否。我一时难于置答(李曾于 1946 年为文投载英国《自然》杂志 157 卷第 590~591 页,记述此奇异标本)。60 年代初李在紫竹院附近建立地质力学研究所,聘我为该所兼任研究员，每星期前往一次。我曾参加岩石在高压下表面产生电荷的实验。这是一个非常有趣、令人惊奇的新现象。当时我联想到在 30 年代我曾做过水晶圆柱体在受扭力下圆柱表面及内孔带电的实验。现在样品是花岗石并非水晶，因此这是新现象。拟做进一步试验，适广东发生地震，研究所人员南去，实验就此中断，不久"文革"事发，我不再去地质力学所。现在看来，地质力学研究所的岩石在压力下产生电荷的工作是很有意义的。地球内部发生变异，岩石受应力，到一定程度发生地震。岩石受应力而产生电荷，测量岩石内部的电荷，或可作为预报地震的手段。写此文时，我已将我的想法和科大地学系的同志讨论过，晶体在压力破碎时发光，历史上 17 世纪已开始研究，而在压力下产生电荷鲜为人知，这现象在理论上也值得探讨。顺手记录在这里，备忘之意。

1963 年，我当选为第三届全国人民代表大会代表。

科大与合肥

科大于 1969 年 10 月 18 日在工、军两宣传队动员之后迅速迁出北京。我延至翌年 3 月 12 日到合肥新校址，3 月 20 日去淮南谢三煤矿劳动 5 个月，实际是运动的继续，名称"一打三反"。

1972 年秋大学复课招收推荐的工农兵大学生。断了几年的教学生涯，又开始登台讲课了，无限感慨。

中国科学技术大学天体物理组也于此时开始活动。他们首先展开学习与讨论活动，编辑一本书，打算对宇宙学从古代到现在作一简要的叙述，对宇宙理论的历史和现状提供一些轮廓性的资料，希望有助于推动这一学科的研究工作。这本书的名字叫《西方宇宙理论评述》。我承担第一篇《西方历史上的宇宙理论评述》的写作。在这一篇里我介绍了西方历史上的，即 19 世纪前的宇宙理论，从古希腊苏格拉底之前开始，经过柏拉图、亚里士多德、托勒密到西方中世纪黑暗时期，而后从文艺复兴时代的哥白尼到牛顿、康德，直至19世纪赫舍尔父子的工作，评述了前后2 500年间西方宇宙理论的发展概况，共4万余字，此书其余部分为介绍西方现代主要宇宙理论，翻译爱因斯坦、哈勃、席阿玛、邦迪等12人短篇幅论述，我就没有参加了。通过这个工作，我对古代西方的宇宙理论发生了兴趣。从而想到我国古代的宇宙观，具有东方色彩自成体系和西方的迥然不同，可以作一考察，进一步深入比较。

70年代我国的硅单晶是在氢气氛中用区熔法制备的，声称无位错，但当用它制作半导体器件时发现容易被击穿。1978年物理所崔树范等发现含氢硅单晶经热处理后它的X射线形貌照相出现雪花形图像，不得解释，问到了我，我开始参加了这个工作，指出这现象可能是由于原来存在于晶体中的硅氢键经热处理而断裂，氢原子在硅中自由运动，积聚在一起成团，热膨胀使氢团达到硅的临界切应力，因是晶体在6个滑移方向产生滑移。这些都经过实验事实一一证明了我的猜测正确。工作又进一步用红外吸收谱仪证明吸收谱线和硅氢键的理论计算相当。至此从理论上、实验上证明了含氢硅单晶不宜于做大规模集成电路的底片。从基础研究来说，这项工作还有可以探讨之处，例如：硅氢键的断裂需用多大能量，氢团形成尚有待进一步研究。这个工作在进展中先后有物理所崔树范、葛培文、麦振洪，北京钢铁学院蒋柏林、肖治纲等人参加。当时国内研究机构从事含氢硅单晶中缺陷研究者亦众；纽约大学请葛培文去合作研究这个课题。1980年5月由麦汝奇、廖伯石两位同志介绍我加入中国共产党。

自然科学史

1980年科大成立自然科学史研究室，我任室主任。

在我上小学时受历史学家钱穆的影响，喜欢历史，及长治自然科学之暇涉猎文史。抗战八载，居昆明黑龙潭，寄居于史学研究所。每于物理所归来之暇，史学所长徐炳昶允许我随意翻阅所内藏书。无意中得《墨经》，其中有不少和现代科学知识相通的记载，特别关于几何学、物理学诸条。读梁启超著《墨经校释》书又知这些科学记载尚未得到完善的诠释。梁对此有"明珠委尘，幽兰奔莽"之叹。受徐老之怂恿，于是我奋笔试写《释墨经中之光学、力学诸条》一文，以揭示其中合于现代科学知识之论，文载于 1940 年《李石曾先生 60 岁纪念论文集》，得到西南联大朋辈青睐。1943 年李约瑟自英来中国，由缅甸入昆明，在黑龙潭相见，李有志于从事中国科技史研究，相谈甚欢，告以墨经中有科技资料，李为之惊叹不止。此文仅校释了墨经中的光学 8 条、力学 5 条，未涉及其他如宇宙学、数学、建筑、工艺等方面条文。书中有更多关于逻辑学的问题，则不在文中讨论之列。新中国成立初年，群思发扬我国古代科技成就，《科学通报》《物理通报》征文及我，要我以白话文介绍墨经中的有关物理学的内容。自此国内研究墨经的文字风起云涌，蔚为一时风气。

上面已述过在 60 年代我曾写过《西方历史上宇宙理论评述》一文，并拟对中国古代宇宙观试作一考察。久未完成计划，偶读张华《博物志》有"地有四游"之说，始悟我国在东汉时已有地动学说，又说"如人坐舟中，舟行而不自觉"，不但表达地球在运动，而且用现在物理学术语说可引申出物体在惯性系统中的运动特征。张华所引的是后汉《尚书纬·考灵曜》，则我国地动之说应早于哥白尼、伽利略约 1 500 年。戴念祖为《考灵曜》作了详尽的考证，并以我与戴两人署名载入《大百科全书·物理卷》的物理学史章中。

我于 1978 年被任命为中国科技大学副校长，1984 年任满去职。1985 年辞自然科学史研究室主任。自 1981 年起担任科大固体物理、自然科学史博士生导师。

1981—1985 年在国务院学位委员会第一届学科评议组中，我和王竹溪同任物理组组长。中国第一批的博士生导师就是 1981 年由各学科评议组讨论决定的。

1980 年中国科学技术史学会第一次会议在北京召开，我被推举为第一任理事长。同年全国电子显微镜学会第一次会议在成都召开，我被推举为第一任理事长。

1943—1978 年历任中国物理学会《物理学报》主编、副主编、编委。

1982 年中国物理学会在北京举行成立 60 周年纪念，退任名誉理事。

80 年代曾任第五届、第六届中国人民政治协商会议全国委员会委员。

钱令希自述*

钱令希

　　常有青年问我求学之道，这恰是我很想向别人认真请教的问题。要我自己来作答，自然是困难的。于是促使我好好回顾一下自己求学的经历。平凡的往事中确实也有些经验和教训。根据自己的体会，答道："学习如同在硬木头上钻螺丝钉，开头先要搞正方向，锤它几下，然后拧起来就顺利了。否则钉子站得不稳不正，拧起来必然歪歪扭扭，连劲也使不上。求学之道慎起步啊！"

　　我老家在江苏省无锡县鸿声乡的镇上，哥哥钱临照长我10岁，自小好学，严于律己，我却有点自己惯自己。父亲虽严，却不太管我，小时是哥哥督促我读书。直到我70多岁了，才从钱穆的《八十忆双亲和师友杂忆》合刊中了解到一些父亲的往事。父亲钱伯圭早年参加过辛亥革命，民国初年乡里开风气之先，办了个新式小学，叫果育学校。体育和唱歌的教师难聘，我父亲在上海读书回乡，就当了体育教师。钱穆在书中回忆起我父亲同他谈民主和革命，特别提到关于东西文化得失优劣的一席谈话，他写道："余之毕生从事学问，实皆伯圭师此一番话有以启之。"这引起我对父亲深切的敬意，可是

* 本文选自《中国科学院院士自述》第893～894页，该书由中国科学院学部联合办公室编，于1996
　年由上海教育出版社出版。

在此之前对此我却茫然无知。

我9岁到梅村镇高小住读。11岁考入刚建校的苏州省立中学。校长汪懋祖曾担任过北京师范大学校长，初中部主任沈佩弦，以及好几位教师后来都成为了大学教授，被誉为国学大师的钱穆当时也在苏中教书，可见当时苏州省立中学的水平之高。我来自乡下，对城市的一切感到新鲜，贪玩影响了学习。一年下来，英文26个字母虽见面认得，却背不下来，历史也考了个不及格。我顿时感到问题严重，苏中虽好，我却像夹生饭，回锅也煮不熟了。想换个学校，最好是不学英语的学校。当时我哥在上海大同大学读书，他打听到上海中法国立工学院的高中部要招生，我决心去试试。整个暑假我专心备考，集中力量认真读书，竟然产生了自己没敢想的结果，我于1928年10月考上中法国立工学院的高中部。这件事使我恢复了对自己的信心。

这是一所用欧战赔款由中法两国合办的学校，高中和大学各4年。高中第一年专学法文，学生的淘汰率很高。我这次汲取了在苏州中学的教训，一开始就严阵以待，把法文26个字母背得烂熟，对发音和文法牢牢掌握好。高一是我用劲锤自己的一年，开了好头，以后三年就顺利了。进入大学的第一年又锤了几下，把微积分学得比较扎实，这对此后几年的学习颇有好处。

1936年大学毕业，获得中比"庚款"公费去比利时布鲁塞尔自由大学留学，为期只有两年。当时有两个选择，一是选课读研究生；二是读大学本科4、5年级，得个土木工程师学位，我选了后者。那两年间读了不少课程，包括土建、机械和电机等，而且偏重基础知识。由于我的法文和数学底子还行，读起来还比较顺利，毕业时还考了个最优等。

回国时正值抗日战争，我来到后方的昆明参加铁路建设，做桥梁勘察和设计。当时国内采用的是美国技术的一套，我一时还接不上轨，工作初期感到有些困难。好在我受的欧洲式教育比较重基础理论，虽然轻工程应用，但是适应能力还是强的。靠一段时间的再学习，也就能应付裕如了。至于工作中要用英文，凭已有的法文底子，自学加上连蒙带猜，不久就能够阅读英文资料，以后读书便逐渐流利起来。后来向苏联学习时期需要学俄文，我也是用的这个办法。然而掌握好一门外文，应该做到看、写、听、说四会。我不肯下工夫，抄了近道，只满足于能看书，直到后来有更高的要求时，再使劲也是煮夹生饭，熟不了了。

在求学的实际过程中，也往往如此。有些东西乍一看似乎懂了，但并不真懂，于是就不能举一反三，不能为我所用。所以关于求学之道，我开头讲的那句话还不够充分，起步要慎固然重要，往后还应步步为营，才能扎实前进。这是我的经验和教训。